„… und ist Mensch geworden"

Karl-Heinz Menke

„... und ist Mensch geworden"

Predigten und Fürbitten zur Advents- und Weihnachtszeit

Verlag
Friedrich Pustet
Regensburg

Bibliografische Information Der Deutschen Bibliothek
Die Deutsche Bibliothek verzeichnet diese Publikation in der
Deutschen Nationalbibliografie; detaillierte bibliografische Daten sind im
Internet über http://dnb.ddb.de abrufbar.

www.pustet.de

ISBN 3-7917-1973-4
© 2005 by Verlag Friedrich Pustet, Regensburg
Umschlaggestaltung: Martin Veicht, Regensburg
Umschlagmotiv: Gott ward Mensch – Da berühren sich Himmel und Erde.
Beate Heinen 1997
© ars liturgica KUNSTVERLAG, D-56653 Maria Laach, Nr. 4739
Gesamtherstellung: Friedrich Pustet, Regensburg
Printed in Germany 2005

Meinen Hörerinnen und Hörern
in den Bonner Gemeinden
St. Johann Baptist und Petrus,
St. Magdalena, St. Margareta und St. Ägidius
in Dankbarkeit gewidmet

Inhalt

Vorwort

Mit dieser kleinen Sammlung von Predigten entspreche ich einem mehrfach an mich herangetragenen Wunsch nach Verschriftlichung der Gedanken, die ich in der Advents- und Weihnachtszeit den Bonner Gemeinden St. Johann Baptist und Petrus, St. Magdalena, St. Margareta und St. Ägidius vorgetragen habe.

Mir ist bewusst, dass eine Predigt zu konkreten Menschen sprechen muss und sich deshalb nicht unerheblich von theologischen Reflexionen und Abhandlungen unterscheidet. Deshalb habe ich Stil und Wortwahl kaum geändert, aber für diese Veröffentlichung nur die Predigten ausgewählt, die m. E. so ähnlich auch in jeder anderen Gemeinde gehalten werden könnten. Wörtliche Zitate werden durch Anführungszeichen, sinngemäße Zusammenfassungen oder Entlehnungen durch Kursivdruck gekennzeichnet.

Jede der hier veröffentlichten Predigten trägt als Überschrift ein Wort aus einer der drei Lesungen, die in der Advents- und Weihnachtszeit 2005/2006 für die einzelnen Sonn- und Festtage vorgesehen sind. Dennoch geht es in keiner dieser Predigten um eine Exegese dieser Schriftworte, sondern um eine dem Anliegen des jeweiligen Sonn- oder Festtages entsprechende Ansprache. Anders gesagt: Die hier veröffentlichten Predigten beziehen sich auf Texte des Lesejahres B, sind aber nicht notwendig an diese gebunden.

Da Fürbitten einer Eucharistie feiernden Gemeinde die Möglichkeit geben, die Verkündigung des Wortgottesdienstes mit entsprechenden Bitten zu beantworten, habe ich jede Predigt durch einen Anhang ergänzt, in dem bestimmte Fürbitten bestimmte Gedanken der vorausliegenden Predigten aufgreifen.

Wer nicht nur Anlässe, sondern Inhalte feiert, findet Zugang zu einer Wirklichkeit, die mehr ist als alles, was wir greifen, begreifen, wiegen und messen können. Nicht Wissenschaft und Technik, sondern Feste erschließen diese Wirklichkeit. Die Kirche redet nicht über Weihnachten. Sie feiert Weihnachten. Kindern fällt dieses Feiern in der Regel leichter als den Erwachsenen. Wenn Kinder in der Vorfreude auf das große Fest täglich ein Fenster ihres Adventskalenders öffnen, dann entdecken sie hinter dem zumeist schlichten Bild den Glanz des kommenden Festes. Die Sonntage der Adventszeit sind so etwas Ähnliches wie die Fenster eines Adventskalenders. Sie öffnen unseren Blick für die Botschaft der Menschwerdung Gottes. Und ähnlich verhält es sich mit den Festen, die dem Weihnachtsfest folgen: Fest des Heiligen Stephanus; Fest der Heiligen Familie; Fest der Mutter Gottes; Fest der Erscheinung des Herrn; Fest der Taufe des Herrn; Fest der Darstellung des Herrn. All diese Feste sind wie Fenster, die uns jeweils einen neuen Blick eröffnen auf den Grund aller bleibenden Freude.

Wenn die hier abgedruckten Predigten ihren Lesern zumindest an der einen oder anderen Stelle ein Fenster öffnen, haben sie ihr Ziel erreicht.

Bonn am 15. 01. 2005   Karl-Heinz Menke

„Denn wir haben gegen Dich gesündigt" (Jes 64,4)

Predigt am ersten Adventssonntag

War der Abschnitt aus dem Markusevangelium (Mk 13,24–37), den wir heute, am ersten Adventssonntag, gehört haben, eine Drohbotschaft oder eine Frohe Botschaft?

Auf den ersten Blick ist eindeutig das Erstere der Fall. Heißt es doch da: „In jenen Tagen, nach der großen Not, wird sich die Sonne verfinstern, und der Mond wird nicht mehr scheinen; die Sterne werden vom Himmel fallen, und die Kräfte des Himmels werden erschüttert werden. Dann wird man den Menschensohn mit großer Macht und Herrlichkeit auf den Wolken kommen sehen" (Mk 13,24–26).

Warum eigentlich beginnt das neue Kirchenjahr mit einer solchen Botschaft? Warum dieser Text über den Richter am Ende aller Zeiten?

Die Antwort auf diese Frage kann man – zum Beispiel! – im Blick auf jene Darstellungen des wiederkommenden Herrn entdecken, die in romanischen Kathedralen nicht selten die Fläche einer ganzen Apsis beherrschen. Die Menschen, die diese Kathedralen erbaut haben, haben sich in jedem Gottesdienst unter das Antlitz des wiederkommenden Richters gestellt, nicht aus Angst, sondern in dem Bewusstsein, dass jeder Mensch in dem Maße gerecht und richtig ist, in dem er sich – sein Denken, sein Besitzen, sein Wollen und sein Tun – vor Jesus Christus verantwortet.

Der strengste Maßstab, an dem Menschen gemessen werden können, ist die in Jesus Christus Fleisch gewordene Liebe. Denn wer sich an diesem Maßstab messen lässt, weiß, dass Christus nicht nur fragen wird: „Hast du gestohlen? Hast du gemordet? Hast du gelogen?" Denn er begnügt sich nicht mit dem Vermeiden des Bösen, sondern er traut uns die Liebe zu: „Ich", spricht der wiedergekommene Richter, „war hungrig, und ihr habt mir zu essen gegeben. Ich war durstig, und ihr habt mir zu trinken gegeben. Ich war fremd und obdachlos, und ihr habt mich aufgenommen. Ich war nackt, und ihr habt mich bekleidet. Ich war krank, und ihr habt mich besucht. Ich war im Gefängnis, und ihr seid zu mir gekommen" (Mt 25,35f).

Die Menschen, die jene romanischen Christusbilder geschaffen haben, wussten noch, dass nichts den einzelnen Menschen und seine Gemeinschaften – Ehe, Familie, Stadt und Staat – so gründlich zerstört wie die das Gegenteil von Liebe. Sie wollten sich und jeden Menschen vor das Antlitz des Richters stellen, der in Jesus Christus konkret geworden ist. Für sie war dieser Richter alles andere als eine Drohung. Im Gegenteil: Für sie war er der Garant alles Guten.

Der erste Adventssonntag ruft uns selbst vor das Antlitz dieses Richters. Und das ist eine Frohe Botschaft – nicht obwohl, sondern weil sie unsere eigenen Maßstäbe, unsere eigenen Uhren und Pläne, unsere eigenen Begriffe und selbst gebastelten Werte hinterfragt; weil sie uns herausreißt aus dem Schlaf der Gleichgültigen und Trägen. „Wachet auf!", ruft uns die Stimme. Werdet doch endlich wach! „Was ich euch sage, das sage ich allen: Seid wachsam!" (Mk 13,37).

In der Heiligen Schrift und in der großen geistlichen Tradition der Mönchsorden ist das Wachen nicht eine vorübergehende Tätigkeit, sondern die innere Haltung des Menschen, der sich selbst und alles, was er ist und hat, den alles wissenden Augen Jesu Christi aussetzt.

Aber was heißt das konkret: „sich selbst und alles, was man hat und ist, vor das Antlitz Jesu Christi tragen"?

Eine erste Antwort liegt in einem Wort mit nur zwei Buchstaben: „Ja!" Es geht um das Ja-Sagen zu dem, was wahr bzw. wirklich ist.

Natürlich dürfen wir fragen: Kann das, was schief gelaufen, was zerbrochen, was kaputt ist, nicht wieder gerade, ganz und heil werden? Natürlich dürfen wir fragen: Wie konnte es dahin kommen? Was ist da passiert? Wer war schuld? Irgendwelche dunklen Mächte? Oder doch ich selbst? Oder zumindest auch ich selbst?

Doch diese Fragen sind nur dann hilfreich, wenn sie von der Bereitschaft getragen sind, nichts mehr zu verdrängen, nichts mehr zu beschönigen, sondern der Wahrheit ins Antlitz zu blicken.

Damit ich nicht falsch verstanden werde: Bejaht oder gar akzeptiert werden sollen nicht die Fehler, die ich gemacht habe, nicht die Sackgassen, in die ich mich verirrt habe, nicht die Lieblosigkeit und die Sturheit, nicht die Rechthaberei und der Stolz, nicht die Hartherzigkeit und die Rachsucht, mit der Ehen, Familien, Freundschaften und Hoffnungen zerstört werden. Bejaht werden aber muss von mir, dass das, was geschehen ist, nicht ungeschehen gemacht werden kann, dass Tatsachen, die ich am liebsten verdrängen möchte, unwiderruflich zur Wirklichkeit meines Lebens gehören.

Augustinus hat sich in seinen „Bekenntnissen" mit einer Ehrlichkeit, die ihresgleichen sucht, den Spiegel Jesu Christi vorgehalten. Da wird nichts unter den Teppich gekehrt, nicht einmal das, was er nur gedacht, nicht einmal das, was er nur geträumt hat. Und doch haben diese „Bekenntnisse" nichts Selbstzerstörerisches oder gar Masochistisches an sich. Im Blick auf den Richter Christus weiß Augustinus sehr wohl, dass er trotz all der schonungslos berichteten Tatsachen an sich selbst glauben darf.

Wenn ein Beichtvater einem Pönitenten einredet, eigentlich sei ja gar nicht er selbst, eigentlich seien doch seine Veranlagung, das Milieu, die grausamen Nachbarn oder Kollegen die Schuldigen, dann nimmt er ihm womöglich den letzten Rest von Selbstachtung. Denn zu dieser Selbstachtung gehört die Überzeugung, nicht identisch zu sein mit der eigenen Tat. Das Bekenntnis, das mit dem Personalpronomen *ich* beginnt – *ich* habe betrogen, *ich* habe verraten, *ich* habe die Treue gebrochen, *ich* habe mich kaufen lassen – gründet doch auf der Unterscheidung zwischen dem Täter und seiner Tat. Wer nur und ausschließlich das Ergebnis seiner genetischen Veranlagung, seiner Erziehung oder Umgebung ist, ist für nichts verantwortlich; aber er kann auch nichts ändern. Er bleibt, was er ist: ein fehlprogrammiertes Lebewesen. Der Logotherapeut Viktor Frankl erzählt von seinen Besuchen in amerikanischen Gefängnissen, dass Gefangene nicht selten ein feines Gespür für die Würde entwickeln, die man ihnen belässt, wenn man sie nicht einfach für krank, sondern zumindest teilweise für verantwortlich erklärt.

Wir haben gefragt, was das konkret heißt: *sich selbst und alles, was man hat oder ist, vor das Antlitz Jesu Christi tragen.* Eine erste Antwort liegt in der unbeschönigten Bejahung der Wirklichkeit; eine zweite in dem Mut zum ersten Schritt.

Ich denke bei diesem Mut zum Beispiel an einen Mann aus meiner früheren Gemeinde, der mir am 4. Juli 1985 folgenden Brief geschrieben hat. Ich zitiere mit seiner Erlaubnis. Sein Schreiben mag etwas melodramatisch anmuten; aber ich ändere kein Wort, und ich kann versichern, dass der Verfasser, Vater dreier Kinder und Hauptschullehrer, alles andere als ein sentimentaler Spinner ist. Da heißt es in diesem Brief:

„Mein Sohn hat seine Drohung wahr gemacht. Einen Tag nach seinem achtzehnten Geburtstag hat er seine Sachen gepackt und ist abgefahren – ohne Aussprache, ohne ein Wort des Abschieds. Vier Tage später kam ein Schreiben mit der Aufforderung, pünktlich den Unterhalt zu zahlen. Ich habe den Brief zerrissen; ich wollte sogar zum Rechtsanwalt gehen. Und – was für mich eine Qual war – jeden Morgen musste ich an dem Haus vorbei, wo er jetzt wohnt – offensichtlich bei seiner Freundin. Jeden Morgen dieses Gefühl des Verlorenhabens, der Ohnmacht, der Verbitterung. Aber gestern – im Vorbeifahren – sah ich ihn selbst; zum ersten Mal seit seinem Auszug. Ich sah ihn nur einen kurzen Augenblick. Aber das hatte genügt, um zu wissen: Er ist krank – nicht nur körperlich, sondern viel tiefer. Ich fuhr weiter. Schließlich musste ich meinen Unterricht erteilen. Georg wollte ja in Ruhe gelassen werden. Er hatte mir ja oft genug beteuert, dass er alt genug sei. Wenn ich ihm jetzt nachlaufe – dachte ich – hält er mich zu allem Überfluss für einen Weichling. Er wollte es ja so. Jetzt sollte er sehen. Und dann:

Ich bin schon bei der nächsten Haltestelle ausgestiegen, obwohl in zehn Minuten die erste Unterrichtsstunde begann. Ich bin zu ihm gegangen. Und ich weiß jetzt: Das war keine Niederlage, sondern ein Sieg über die schlimmste Versuchung des Menschen, über die Verhärtung des eigenen Herzens."

Vielleicht trage ich durchaus die Bereitschaft in mir, Gräben, die sich aufgetan haben, wieder zuzuschütten, gestörte Kontakte wieder herzustellen, Krummes zu begradigen und Kaputtes zu reparieren. Ich möchte die Dinge mit ehrlichem Herzen wieder gutmachen und sogar den ersten Schritt tun. Aber auf dem Weg dahin fallen mir alle möglichen Einwände ein: Der Andere hat ja gesagt, dass er nichts mehr mit mir zu tun haben will. Es könnte doch sein, dass ich mit meinem gut gemeinten Unternehmen nur eine einigermaßen verheilte Wunde wieder aufreiße. Und überhaupt: Mir fehlt die psychologische Schulung zum Umgang mit einem so schwierigen Menschen.

Ein praktizierender Katholik könnte sich noch eine weitere – eine scheinbar besonders fromme – Ausrede zurechtlegen. Er könnte sagen: Ich gehe nicht zu dem Menschen, der – wie er ja gesagt hat – mit mir fertig ist. Ich nehme diesen schwierigen Zeitgenossen einfach „ins Gebet"; d.h. ich bete für ihn. Oder noch besser: Ich nehme diesen schwierigen Zeitgenossen in mein Beichtbekenntnis auf; ich trage ihn und mich vor das freisprechende Erbarmen Jesu Christi.

Das hört sich fromm an, aber in Wirklichkeit ist das verlogen. Denn das Gebet ist kein Alibi für das Tun. Und das Bekenntnis im Beichtstuhl ersetzt nicht die Aussprache mit dem Menschen, mit dem ich schon so lange nicht mehr rede. Natürlich hat Christus etwas mit dem Menschen zu tun, mit dem ich mich nicht verstehe. Denn er hat ihn gemeint mit dem Wort: „Was du einem meiner Brüder oder Schwestern getan hast, das hast du mir getan." Deshalb bekennen wir zu Recht unsere Schuld nicht nur gegenüber dem Menschen, an dem wir schuldig geworden sind, sondern auch gegenüber dem Priester, der im Beichtstuhl die Stelle Christi einnimmt. Aber ein Ersatz für die Aussprache mit dem Menschen, mit dem ich über Kreuz bin, ist die Beichte nicht. Frömmigkeit ersetzt nicht die Demut des ersten Schrittes; im Gegenteil, sie wird verlogen, wenn sie zum Deckmantel der Feigheit mutiert. Das

Evangelium ist da ganz eindeutig: „Wenn du deine Opfergabe zum Altare bringst und dir dabei einfällt, dass dein Bruder etwas gegen dich hat, so lass deine Gabe dort vor dem Altar liegen; geh und versöhne dich zuerst mit deinem Bruder, und dann komm und opfere deine Gabe" (Mt 5,23–24).

Jeder von uns weiß doch, dass Unausgesprochenes nicht heilen kann; dass wirkliche Versöhnung ohne Aussprache, ohne Erinnerung und ohne das Reinigen der vormals geschlagenen Wunden unmöglich ist. „Das Vergessenwollen verlängert das Exil, und das Geheimnis der Erlösung ist Erinnerung", sagt ein jüdisches Sprichwort.

Gemeint ist nicht das teils masochistische, teils destruktive Herumstochern in alten Wunden. Das psychologisierende Aufdecken aller geheim gehaltenen Motive und Gedanken ist nicht selten Ausdruck einer zynisch gewordenen Verzweiflung. Wissen ohne Liebe ist destruktiv. Bloßes Wissen heilt nicht. Ich muss den Anderen und mich selbst mit den Augen Jesu Christi sehen lernen; dann erst ist Entblößung keine Entwürdigung; dann erst bin ich befähigt, mit dem Röntgenblick des Durchschauens das Verstehen und mit dem Verstehen das Verzeihen zu verbinden.

Verstehen ist viel mehr als Wissen. Und Verstehen ist immer ein Prozess – manchmal ein lebenslanger Weg. Deshalb sollten wir uns auch da, wo das Evangelium oder die Liturgie („Gebt euch ein Zeichen der Versöhnung und des Friedens!") die schnelle Geste fordern, nach unserer Ehrlichkeit fragen lassen. Pflaster mögen Hässliches rasch verdecken, aber Heilungen brauchen Zeit. Und besonders viel Zeit verlangt die Wiederherstellung von einmal zerstörtem Vertrauen. Was ich dem Menschen, auf den ich nach vielleicht sehr langer Zeit wieder zugehe, sage, muss dem entsprechen, was ich im stillen Kämmerlein über ihn denke. Denn neues Vertrauen steht auf dem Fundament der Ehrlichkeit. Und wenn ich ehrlich bin, dann weiß ich auch, dass das Herz langsamer ist als der Mund. Große Worte – zumal wenn sie im Kontext der Kirche gesprochen werden – verkommen zu peinlichen Floskeln, sobald sie nicht so gemeint sind, wie sie gesagt werden.

Das gilt auch für den oft zitierten Satz: „Ich vergebe dir zwar, aber vergessen kann ich nicht." Dieser Spruch bedeutet meistens das Gegenteil von dem, was er aussagt, nämlich: „Ich kann dir nicht vergeben, weil ich nicht vergessen kann." Natürlich kann man die Erinnerung nicht löschen, wie man eine Datei im Computer löscht. Aber es geht doch auch gar nicht um das Löschen irgendwelcher Daten oder Erinnerungen. Es geht darum, alles, was man ist und hat, vor das Antlitz Jesu Christi zu tragen – also auch das eigene Gedächtnis.

Kränkungen können sich so tief eingraben, dass sie schlechthin nie vergessen werden können. Denn je näher uns ein Mensch steht, desto tiefer trifft uns sein Verrat, seine Untreue, seine Demütigung. Nirgendwo ist der Hass so stark wie zwischen Menschen, die sich einmal geliebt haben.

Viele müssen mit Wunden leben, die offen bleiben. Wenn wir selbst betroffen sind, sollten wir uns nicht überschätzen oder überfordern. Vielleicht kommen wir nie über das Gebet hinaus: „Herr, ich möchte vergeben. Erbarme Dich meiner Verbitterung!" Ein solches Gebet ist ehrlicher als eine abgerungene Geste, der das Herz nicht folgen kann.

Wenn wir alles, was wir sind und haben – also auch unser Nichtvergessen und unsere unverheilten Wunden – vor Christus tragen, dann sollten wir daran denken, dass der Richter der romanischen Basiliken der auferstandene Herr ist, zu dem die Wunden des Gekreuzigten bleibend gehören. Die Wunden Christi bleiben; aber sie sind verklärt; sie laden uns wie den ungläubigen Thomas ein, uns in ihnen zu bergen. Georges Bernanos spricht im „Tagebuch eines Landpfarrers" von der Gnade, „demütig sich selbst zu lieben als eines der leidenden Glieder Christi"[1].

Ihnen allen wünsche ich in den vier Wochen der Adventszeit die Gnade, alles – auch die offen gebliebenen Wunden – vor den tragen zu können, der den neuen Anfang schenkt.

17

Fürbitten

Herr Jesus Christus, Du bist der Richter, dessen Maßstab die Liebe ist. Wir bitten Dich:

- Für die unter uns, die etwas nicht wahr haben wollen; besonders für alle, die vor den Konsequenzen ihrer Lebenslüge fliehen: Schenke ihnen den Mut zur Wahrhaftigkeit! – Christus, höre uns!

- Für die unter uns, die nach langer Zeit zum ersten Mal wieder beichten: Schenke ihnen die Gnade, sich selbst mit Deinen Augen sehen zu lernen! – Christus, höre uns!

- Für die unter uns, die nicht verzeihen können; besonders für alle, die einen bestimmten Menschen hassen: Schenke ihnen die Erfahrung, selbst der Vergebung zu bedürfen! – Christus, höre uns!

- Für die unter uns, die den ersten Schritt der Versöhnung versuchen: Schenke ihnen die Kraft, die abgelehnte Hand noch einmal auszustrecken! – Christus, höre uns!

- Für die unter uns, die tief verwundet sind und nicht mehr vergessen können: Schenke ihnen die Gabe des tieferen Verstehens! – Christus, höre uns!

Denn Du, Herr, kannst auch auf den krummen Zeilen unseres Lebens gerade schreiben. Du kannst selbst unsere Wunden fruchtbar machen für die Anderen. Wir bitten Dich in diesen Tagen um die Gnade des neuen Anfangs, um Dein Kommen in unsere Dunkelheit, um das Licht des Geistes, in dessen Einheit Du mit dem Vater lebst und herrschest in alle Ewigkeit. Amen.

„Seid wachsam!" (Mk 13,37b)

Predigt am ersten Adventssonntag

Für die überwiegende Mehrheit der Juden zur Zeit Jesu war eines zunehmend gewiss: Das Reich Gottes, das der Messias aufrichtet, wird die bestehenden Verhältnisse nicht verändern, sondern regelrecht hinwegfegen. Apokalyptisch waren die Vorstellungen, die man mit dem Kommen des Reiches Gottes verband. Die Juden zur Zeit Jesu erhofften zwar ein Reich in Raum und Zeit, aber eines, in dem die Gerechten aller Jahrhunderte – zu neuem Leben erweckt – den Willen Gottes (die Tora) auf vollkommene Weise zur Darstellung bringen.

Im Markusevangelium beginnt Jesus seine Verkündigung mit den Worten: „Die Zeit ist erfüllt, das Reich Gottes ist nahe. Kehrt um und glaubt an das Evangelium!" (Mk 1,15). Demnach kommt das Reich Gottes nicht mit apokalyptischem Getöse. Demnach wird nichts abgebrochen und hinweggefegt. Demnach ist das Reich Gottes identisch mit der Person des Einen, der von sich sagen darf: „Wer mich sieht, sieht den Vater" (Joh 12,45). Also ist das Reich Gottes schon da – jedenfalls immer dann, wenn ein Mensch dem anklopfenden Christus die Tür seines Lebens öffnet.

Es stellt sich die Frage: Wie geht das? Wie macht man das: *die Tür des eigenen Lebens öffnen?*

Die Antwort liegt, wie ich meine, in der ersten und der letzten Zeile des eben verlesenen Textes aus Mk 13. Da heißt es gleich zu Beginn: „Seht euch vor und bleibt wach!" (Mk 13,33). Und in der letzten

Zeile: „Was ich aber euch sage, das sage ich allen: Seid wachsam!" (Mk 13,37).

Die Wachsamkeit, die hier gemeint ist, verbietet uns nicht den Schlaf. Aber es gibt eine Verschlafenheit, die das Anklopfen überhört, die sich einlullt in eine vermeintliche Sicherheit, die gleichbedeutend ist mit Trägheit, geistlichem Stillstand, fetter Selbstzufriedenheit und Spießbürgerlichkeit. Gemeint ist das Gegenteil der Haltung, die die Mönche einüben wollen durch das Stundengebet, das die Arbeit und die Ruhe, das eigene Denken, Planen und Sorgen immer wieder durchbricht. Es geht nicht um ein immer während Verrichten von Gebeten, sondern um eine innere Haltung, um das, was die geistliche Tradition die Einübung der liebenden Aufmerksamkeit nennt. Es geht um das Wörtlichnehmen der Warnung: *Du kennst nicht die Zeit und die Stunde, wann der Herr kommt und bei dir anklopft.*

Viele denken bei diesem Anklopfen des Herrn nur und ausschließlich an die Stunde ihres Todes. Aber das ist zu kurz gegriffen. Der hl. Ignatius von Loyola z. B. hat uns berichtet, wie geschickt er war, wenn es darum ging, dem Willen des Herrn auszuweichen. Es dauerte ziemlich lange, bis er den anklopfenden Herrn hineinließ in sein Leben. Deshalb hat er anschließend eine Strategie entwickelt zur Einübung eben der Wachsamkeit, die der erste Adventssonntag von uns allen verlangt. Ignatius hat seine Strategie mit den Übungen eines Soldaten verglichen und deshalb „Exerzitien" genannt. Diese Exerzitien gehen von der Überzeugung aus, dass Gott uns in Jesus Christus die Wahrheit gesagt hat – und zwar nicht im Abstrakten und Allgemeinen, sondern jedem Einzelnen sehr konkret. An Christus lässt sich – das war die Grunderfahrung des Ignatius – ablesen, was Gott mit mir und meinem Leben in dieser Welt erreichen will. Und also muss ich mich von allem lösen, was diesem Willen widerspricht, und positiv alle Sinne schulen für die Wahrnehmung der stets leisen Zeichen seines Anklopfens.

Zu den schönsten Erfahrungen, die ich in der Seelsorge machen durfte, gehören die Exerzitien, die ich als Leiter einer Diözesanstelle für Berufe der Kirche sechzehn- und siebzehnjährigen Jugendlichen geben durfte. Die Briefe, die ich im Nachhinein erhielt, gehören zu „meinen

Schätzen". Ein Mädchen schrieb mir, sie spreche seit ihren Exerzitien jeden Abend mit Christus; und sie tue das auf ihren Knien, weil das die einzige Haltung sei, in der sie trotz Müdigkeit beten könne; und sie habe das Gefühl, sie beginne den nächsten Tag schon mit dem Abendgebet. Oder ein angehender Mechaniker schrieb mir: „Nach den Exerzitien habe ich mir vorgenommen, jeden Abend einen Abschnitt aus dem Neuen Testament zu lesen. Und um das nicht zu vergessen, habe ich die Bibel auf mein Kopfkissen gelegt. Dann allerdings war ich vier Wochen auf Montage in München. In der Zeit habe ich nicht mehr daran gedacht. Na ja, als ich zurückkam, lag die Bibel immer noch auf dem Kopfkissen. Ich wollte sie weglegen. Aber dann habe ich eine Stelle aufgeschlagen, die mir nicht mehr aus dem Kopf geht. Ich habe wieder angefangen."

Einem, der inzwischen Priester ist, habe ich während seiner Exerzitien empfohlen, täglich einmal das Ignatius-Gebet zu sprechen: „Nimm hin, o Herr, meine ganze Freiheit. Nimm an mein Gedächtnis, meinen Verstand, meinen ganzen Willen. Nur deine Liebe schenke mir. Dann bin ich reich genug und suche nichts weiter."

Die ehrliche Antwort des Zweiundzwanzigjährigen lautete: „Das kann ich nicht beten; das wäre nicht ehrlich." Er hatte Angst vor einem Gott, der die ganze Hand nimmt, wenn man ihm den kleinen Finger reicht. „Ich will kein Mönch werden; dafür bin ich nicht geschaffen!", rief er erregt in der festen Überzeugung, Christus würde, wenn er ihn denn gewähren ließe, genau das von ihm wollen.

Ich habe dem jungen Mann daraufhin Erfahrungsberichte von Menschen vorgelegt, die gerade zu Hause waren, als Christus bei ihnen angeklopft hat, und die ihn auch hineingelassen haben in ihr Leben. Er sollte einen ganzen Tag lang darüber nachdenken, warum in diesen Berichten zwar von übergroßer Freude, nirgends aber von Überforderung oder gar Traurigkeit die Rede ist.

In diesem Zusammenhang denke ich zum Beispiel an den weltberühmten Mathematiker Blaise Pascal. Nach seinem Tod fand einer seiner Diener eingenäht in seinen Mantel ein Blatt mit der Überschrift „Zur ewigen Erinnerung" – ein Blatt mit dem Gestammel eines Menschen, dem Gott am 23. November 1654 plötzlich und mit einer Intensität, die wir nur ahnen können, zur Gewissheit wurde. Da stammelt der große Wissenschaftler: „Feuer! Gott Abrahams, Isaaks und Jakobs, nicht der Philosophen und Gelehrten. Gewissheit, Gewissheit, Empfinden: Freude, Friede. Gott Jesu Christi … Freude, Freude und Tränen der Freude … ,Das aber ist das ewige Leben, dass sie Dich, der Du allein wahrer Gott bist, und den Du gesandt hast, Jesus Christus, erkennen.' Jesus Christus! Jesus Christus!"[2]

Oder stellen wir uns André Frossard vor Augen, der als Sohn des ersten Generalsekretärs der Kommunistischen Partei Frankreichs in einer dezidiert atheistischen Familie aufgewachsen ist und später einer der bedeutendsten Journalisten des Landes wurde. Als junger Mann betritt er – vergeblich auf sein Mädchen wartend – aus Langeweile eine Kirche, in der das Allerheiligste ausgesetzt ist. Als er die Kirche verlässt, ist er felsenfest überzeugt: Christus ist der Weg und die Wahrheit und das Leben. Unzufrieden mit den eigenen Worten hat er in seinem Bestseller mit dem Titel „Gott existiert. Ich bin ihm begegnet" seine Gewissheit zu begründen versucht[3].

Oder nehmen wir jene berühmt gewordene Sammlung von Berichten, in denen Menschen, die für medizinisch tot erklärt waren, über ihr „Leben nach dem Tod" erzählen[4]. Zu den Menschen, die Dr. Raymond Moody befragt hat, gehören Angehörige jedweder Weltanschauung und Herkunft. Sie alle berichten – wenn auch mit unterschiedlichen Ausdrücken und Bildern – Ähnliches über das, was „nach ihrem Exitus" geschehen ist. Ich greife das Beispiel eines dreißigjährigen Amerikaners heraus und fasse sein Selbstzeugnis wie folgt zusammen:

„Ich hörte die Ärzte noch sagen, ich sei tot. Und von jenem Augenblick an hatte ich das Gefühl, durch Finsternis, durch eine Art riesigen Tunnel zu fallen oder eher vielleicht zu schweben. Es war alles um mich herum pechschwarz. Aber ich bewegte mich auf ein Licht zu, das ich nicht beschreiben kann und das ich nicht mehr vergessen kann und nach dem ich mich auch heute noch immer sehne. Ich versuchte, mich mit aller Gewalt diesem Licht zu nähern. Aber da war irgendeine Schranke, die ich nicht überwinden konnte. Mir war bewusst, dass ich meinen Körper verlassen hatte. Das Licht war unbeschreiblich hell, aber es tat nicht weh. Ich sah das Licht nicht eigentlich als Person an. Aber in der Begegnung mit diesem Licht erreichte mich der Gedanke: ‚Liebst du mich?' Ich fühlte: Es lag an mir, dass ich dem Licht nicht so nahe kam, wie ich es ersehnte. Trotz der Sehnsucht nach dem allzu fernen Licht fühlte ich mich die ganze Zeit in überwältigende Liebe und Barmherzigkeit gehüllt. Bis dahin hatte ich an keinen Gott geglaubt. Nach meiner Rückkehr – ich weiß nicht wie – bin ich Christ geworden. Ich fühle mich seitdem so frei, so innerlich froh. Für mich hat alles Sinn."

Wie ich meine, kann man über diesen und die vielen anderen Berichte sehr unterschiedlicher Meinung sein. Vielleicht beruhen die geschilderten „Erlebnisse" auf einer bestimmten Abfolge von Suggestionen oder neurologisch erklärbaren Reaktionen. Ganz sicher wird man sagen müssen: Bewiesen wird durch solche Berichte gar nichts.

Was mich dennoch an diesen Erzählungen fasziniert hat, das ist jeweils der Schluss. Immer und immer wieder ist da die Rede von einer unbedingten Gewissheit: Gott gibt es; und Gott ist nicht irgendetwas; Gott ist die Liebe. Nicht nur der zitierte Amerikaner, sondern fast alle von Moody gesammelten Berichte bekennen sich auf Grund dieser Gewissheit zu einem Leben nach den Kriterien Christi. Und: Sie erfahren dieses Leben nicht als moralische Keule oder Überforderung, sondern als Identität mit sich selbst, als die Freude, die Pascal als Erfüllung beschreibt.

Während meiner Jahre in der Gemeindepastoral bin ich immer wieder – vor allem im Beichtstuhl – Menschen begegnet, die gern wissen wollten, wie viel sie geben (hergeben) müssten, um sich mit Recht Christen nennen zu dürfen; Menschen, die durchaus nicht meinten, Christentum sei das Vermeiden schwerer Sünden; Menschen, die sehr wohl verstanden hatten, dass Gemeinschaft mit Christus Gemeinschaft mit dem geringsten Bruder und der geringsten Schwester ist; aber auch Menschen, die genau wissen wollten: Wenn ich fünftausend Euro im Monat verdiene, wie viel muss ich dann hergeben, damit Gott bzw. Christus mit mir zufrieden ist? Reichen da fünfhundert Euro; oder müssen es mehr als zehn Prozent sein; oder ist Christus erst dann zufrieden, wenn ich alles hergebe?

Ich bin sicher: Weder Ignatius noch Pascal hätten als Beichtväter mit der Nennung eines bestimmten Geldbetrages geantwortet. Ich könnte mir aber denken, dass beide über ihr eigenes Verhältnis zu Jesus Christus gesprochen hätten. Bei Pascal findet sich – sinngemäß – die Bemerkung: *Wer sich von Christus geliebt weiß, hat keine Angst mehr vor dem Loslassen.* Wie Ignatius, so macht auch Pascal die Erfahrung: Gerade dann, wenn ich Christus nicht an der Schwelle stehen, sondern in mein Leben eintreten lasse, verliere ich die Angst, er könnte von mir etwas verlangen, was nicht das Beste für mich ist. Christus ist die Liebe; deshalb fordert er von jedem Menschen – auch von mir – nur das, was meiner Eigentlichkeit entspricht. Mit den Augen Christi betrachtet ist jeder anders als der Andere. Mit den Augen Christi betrachtet ist keiner die Norm des Anderen. Gleichgültig, ob jemand nach den Maßstäben unserer Leistungsgesellschaft begabt oder unbegabt, reich oder arm, gesund oder behindert ist, Christus will seiner als eines Menschen bedürfen, der durch niemanden ersetzbar ist.

Die „Exerzitien" des Ignatius von Loyola beginnen stets mit einem Rückblick auf das bisherige Leben. Den vielen jungen Leuten, denen ich Exerzitien geben durfte, habe ich immer geraten, diesen Rückblick schriftlich zu halten. Ein Achtzehnjähriger schrieb: „Vor kurzem habe ich eine amerikanische Science-fiction-Story gelesen, in der die Menschen in den letzten Stunden vor ihrem Untergang noch einmal ein Höchstmaß an Lust suchen. Mich hatte die Geschichte nachdenklich gemacht. Ich war sicher, dass ich im Angesicht meines Todes anders handeln würde. Ich würde so etwas versuchen wie radikales Christentum nach dem Motto: ‚Geh, verkaufe alles, was du hast, und gib das Geld den Armen!' Aber mein tatsächliches Leben hat sich nicht geändert, und obwohl ich zuweilen zur Messe gehe, habe ich schon lange nicht mehr gebetet."

„Ich habe schon lange nicht mehr gebetet" – mit diesem Bekenntnis hat dieser Achtzehnjährige erkannt: Das Gegenteil des Betens ist nicht Nichtbeten, sondern die Bequemlichkeit, jene Schwerkraft des eigenen Gefälles, jene uns allen bekannte Müdigkeit, die jeden Aufbruch und Neuanfang verhindert, die unsere Gewohnheiten verhärtet, uns abgleiten lässt in Trott und Spießbürgerlichkeit und täglich Verzicht ist auf Heiligkeit.

Das Gegenteil des Betens ist nicht Nichtbeten, sondern Bequemlichkeit. Oder positiv ausgedrückt: Beten – wirkliches Beten – ist die

Wachsamkeit all derer, die merken, wenn Christus kommt und bei ihnen anklopft. Deshalb: „Seht euch vor und bleibt wach! … Was ich euch sage, das sage ich allen: Seid wachsam!" (Mk 13,33.37).

Fürbitten

Herr Jesus Christus, Du siehst in jedem Einzelnen von uns das Einmalige. Du willst, dass wir endlich wir selbst werden. Aber Du zwingst uns nicht. Du klopfst an, damit wir Dich hineinlassen in unser Leben. Wir bitten Dich:

- Für die unter uns, die anrennen gegen die Grenzen ihrer Veranlagung oder Begabung: Schenke ihnen die befreiende Erfahrung, geliebt zu sein. – Christus, höre uns!

- Für alle, die sich nicht zutrauen, was andere von ihnen fordern, die an der Kälte von Konkurrenz und Ehrgeiz leiden oder in der Sackgasse einer falschen Entscheidung stecken: Gib ihnen den Mut zum neuen Anfang! – Christus, höre uns!

- Für die jungen Menschen, die vor einer Lebensentscheidung stehen: Schenke ihnen die Gabe der Unterscheidung und nimm ihnen die Angst vor dem Endgültigen! – Christus, höre uns!

- Für die unter uns, die mächtig sind und viel besitzen: Durchkreuze ihr Haben durch das Antlitz der Armen. – Christus, höre uns!

- Und für alle, die in Deinem Namen auftreten: Bewahre sie vor der Routine der Funktionäre, vor dem Spießertum der Satten und den Formeln der Geistlosen. – Christus, höre uns!

Herr Jesus Christus, nimm von uns, was uns hindert zu Dir, und gib uns, was uns hinführt zu Dir. Schenke uns den Mut, Dir zu öffnen, wenn Du anklopfst. Und mache unsere Herzen weit, damit Platz ist in uns für Dein Kommen. So bitten wir Dich, der Du mit dem Vater in der Einheit des Heiligen Geistes lebst und herrschest als Gott von Ewigkeit zu Ewigkeit. Amen.

„Eine Stimme ruft in der Wüste" (Mk 1,3)

Predigt am zweiten Adventssonntag

Es gibt sie auch heute noch: Menschen, die ihr ganzes Leben ausrichten auf das Kommen des Messias. Die strenggläubigen Juden des Jerusalemer Stadtviertels Mea Shearim – schon äußerlich erkennbar durch besondere Kleidung, durch ihre Haartracht und Kopfbedeckung – leben in erbitterter Distanz zu den modernen, liberalen Israelis. Dass die Gründer des Staates Israel nicht abgewartet haben, bis der Messias selbst das jüdische Volk in das Heilige Land zurückführen würde, ist in ihren Augen frevelhaft und unverzeihlich.

Welten unterscheiden, ja trennen beide Gruppen. Die Begründer des Staates Israel setzen auf den jungen jüdischen Bauern, der die Wüste in fruchtbares Land verwandelt und den Feinden mit der Waffe in der Hand entgegentritt. „Erlösung durch Arbeit" heißt ihre Devise. Aber deutlicher können sie gar nicht sagen, wie sehr sie sich von „den Anderen", den Frommen (den in ihren Augen ewig Gestrigen), unterscheiden. Die Juden von Mea Shearim sind auch heute noch bereit, für den erhofften, ersehnten, erwarteten Messias wehrlos zu leiden und zu sterben. Sie singen auch heute noch das alte Volkslied aus dem Warschauer Ghetto: „Ich glaube, ich glaube, ich glaube ehrlich, unerschütterlich und fromm, dass der Messias komm'. An den Messias glaube ich, und wenn er auf sich warten lässt, glaub' ich darum nicht weniger fest. Selbst wenn er länger zögert noch, an den Messias glaub' ich doch. Ich glaube, ich glaube, ich glaube!"

Wir Christen glauben weder das eine, noch das andere. Wir glauben nicht an Erlösung durch Arbeit oder irgendeine andere Form von Selbsterlösung. Wir glauben aber auch nicht, dass der Erlöser erst noch kommen müsste. Er ist ja in Jesus Christus schon gekommen.

Was meinen wir also dann, wenn wir jedes Jahr vier Wochen lang die alttestamentlichen Lesungen vom Kommen des Messias hören, wenn wir jedes Jahr vier Wochen lang singen: „O komm, o komm, Immanuel!" – „Tauet Himmel den Gerechten, Wolken, regnet ihn herab!"?

Die Antwort liegt in der Gestalt eines Mannes, dessen Leben buchstäblich von seiner außergewöhnlichen Geburt an bis zu seinem außergewöhnlichen Tod ausgerichtet war auf das Kommen des Messias. Ich meine Johannes den Täufer, den der Colmarer Altar mit einem überdimensionalen Zeigefinger ausgestattet hat und der uns auch heute noch zuruft: „Bereitet dem Herrn den Weg! Ebnet ihm die Straßen!" (Mk 1,3).

Es gibt nur zwei Menschen, deren kirchliches Namensfest nicht den Todestag, sondern den Geburtstag in Erinnerung ruft: Maria und Johannes. Denn beider Leben ist so vollständig mit dem Kommen des Messias verknüpft, dass schon ihre Geburt von der Erwartung des Erlösers bestimmt wird.

Als Johannes die Menschen aufruft, aufzubrechen, aus ihren Gewohnheiten auszuziehen, umzukehren und umzudenken, da galt bereits, was auch heute noch gilt: Der Messias war längst geboren; er war längst da. Aber offenbar konnte er schon damals nur bei denen „ankommen", die ihm den Weg zu sich geöffnet haben (vgl. Jes 40,3f).

Ihm, dem Erlöser, den Weg in das eigene Leben freischaufeln, das ist gewiss nicht der Versuch, die Sache des Messias selbst zu leisten. Es ist nur der Versuch, die Barrikaden des eigenen Ich abzubauen.

Dies könnte zum Beispiel der adventliche Abbau einer hoch aufgetürmten Barrikade sein: Dass ich meine Vorurteile, Ausflüchte und Ausreden gegenüber dem Sakrament der Versöhnung ausräume und mich einmal drei Wochen lang auf den Empfang dieses Sakramentes vorbereite. Das wäre ein echter „Auszug" aus dem, was „man" tut, was „man" denkt, was „man" für modern oder überflüssig hält. Die Menschen, die vor dem taufenden Johannes eine Schlange bildeten, waren „hinausgezogen", weil jeder von ihnen wusste: Nicht nur der Andere, auch ich selbst bin eine Barrikade für das Kommen des Messias.

Auch dies könnte der Abbau einer Barrikade sein: Dass ich vier Wochen lang täglich daran denke, das Geschenk dessen nachzuahmen, der sich selber schenkt. Das wäre ein echter „Ausstieg" aus dem, was viele aus dem Fest des Schenkens gemacht haben, ein Auszug aus Anpassung und Gewohnheit.

Im so genannten „Jahr des Kindes" wurden in den Ländern der so genannten Dritten Welt 120 Millionen Menschen geboren; 12 Millionen sind inzwischen tot. Wären diese 12 Millionen in Deutschland, Japan oder in den USA geboren worden, dann wären mindestens 11 Millionen von ihnen noch am Leben. Sie wären auch noch am Leben, wenn jeder Deutsche soviel für sie spenden würde, wie er für die Schädigung seiner Gesundheit – zum Beispiel für Alkohol und Zigaretten – ausgibt.

Und auch dies könnte der Abbau einer Barrikade gegen das „Ankommen" des Messias sein: Vier Wochen lang bewusst Zeit haben für das Wesentliche. Die „stille Zeit" ist eine hektische Zeit geworden, weil wir das Unwesentliche mit dem Wesentlichen verwechseln. Nur wer still wird, kann auch das hören, was nicht laut ist. Der französische Denker Blaise Pascal meint gar, alles wirkliche Unglück des Menschen beginne damit, dass er es nicht mehr mit sich allein in einem Zimmer aushält[5]. Im Advent sind wir aufgerufen, unsere Zeit unterbrechen zu lassen von der Ewigkeit, die ja nichts anderes ist als reine Gegenwart. Was Pascal vor mehr als dreihundert Jahren geschrieben hat, gilt nach wie vor: „Ein jeder prüfe seine Gedanken: er wird sie alle mit der Vergangenheit oder mit der Zukunft beschäftigt finden. Wir denken fast gar nicht an die Gegenwart; und wenn wir daran denken, dann nur, damit wir aus ihr eine Einsicht erlangen, um über die Zukunft zu verfügen. Die Gegenwart ist nie unser Ziel. So leben wir nie, sondern wir hoffen zu leben, und während wir uns immer in Bereitschaft halten, glücklich zu sein, ist es unvermeidlich, dass wir es nie sind."[6]

Jesus Christus kann nur „ankommen" in unserem eigenen Leben, wenn wir unsere Zeit von dem Gott, der die Ewigkeit ist, unterbrechen lassen, wenn wir uns von Johannes herausrufen lassen aus unserem Haben,

Begreifen, Planen und Wollen. Nicht von ungefähr nennen die Kirchenväter das größte Hindernis, das Menschen dem Ankommen des Erlösers entgegenstellen können, „akêdía" bzw. „acedia". Dieses im Griechischen und Lateinischen beheimatete Wort wird von Kierkegaard als „Krankheit zum Tode" und als „Verzweiflung der Schwachheit" erklärt. Gemeint ist ein Sicheinrichten und Sich-selbst-Genügen, eine Flucht vor allem, was den Menschen groß macht: Betriebsamkeit statt Sammlung, geistige Öde statt Hunger nach der Nahrung der Seele, Genusssucht statt Freude, Konsum statt Kreativität, Kritiksucht statt Güte.

Die „akêdía" ist die größte Barrikade, die ein Mensch gegen das Kommen der Freude, gegen das Kommen Gottes in sein Herz und sein Leben, errichten kann. Sie ist „die Sünde gegen den Heiligen Geist" (Mt 12,31), weil sie den Menschen in sich selbst verschließt – einen Menschen, der dann nichts mehr hofft und nichts mehr erwartet, für den Warten Dummheit, Hoffnung auf Veränderung verdächtig und Einsatz für die Zukunft lächerliches Schwärmertum ist.

Johannes war ein Wartender. Sein Fasten, Wachen und Beten (Mk 1,6) ist nichts anderes als ein Warten. Als Wartender predigt und tauft er. Und weil er auf einen „ganz Anderen" (Mk 1,7f) wartet, ist er der große Wegbereiter hin zu Jesus Christus.

Wie ein riesiger Zeigefinger ruft er uns auch heute noch heraus aus dem Panzer der „akêdía". Er unterbricht uns, weil nicht wichtig ist, was einer geleistet oder erreicht hat, sondern was einer erwartet. Er unterbricht uns, weil nicht wichtig ist, was wir haben oder machen können, sondern was wir hoffen. Und er meint mit dieser Hoffnung ganz gewiss keine Beförderung oder Gehaltserhöhung, auch nicht den nächsten Urlaub oder Lottogewinn, sondern das Kommen des „ganz Anderen".

Wo dieser „ganz Andere" erwartet wird, da geschieht Advent, da geschieht Veränderung, da kommt die Ewigkeit Gottes in unsere Zeit – ganz langsam und unscheinbar vielleicht – aber so, dass die Hoffnung nicht mehr stirbt.

Der verstorbene Münsteraner Spiritual Johannes Bours erzählt in einer seiner unveröffentlichten Rundfunkansprachen über einen vierzigjährigen Ingenieur:

„Er ist seit Jahren von einer bisher unheilbaren und äußerst schmerzhaften Krankheit befallen; er weiß, dass er wahrscheinlich noch viele Jahre leiden muss … Dieser Mann sagte mir: ‚Ich glaube nicht mehr an meine Heilung. Das Einzige, was mich heilt, ist mein Vertrauen, dass Gott meinem Leben Sinn und Zukunft gibt. Darum ist das Äußerste, was ich beten kann – nicht jeden Tag, aber doch manchmal, wenn ich nachdenke, wie es weitergehen wird – in meine Nacht hineingesprochen: Gott, ich weiß nichts, aber es ist gut, dass Du da bist!'"

Der Erlöser ist schon da. Aber er kann nur „ankommen", wenn wir nie fertig sind mit unserem Hoffen und Warten.

Fürbitten

Herr Jesus Christus, Du bist schon da. Aber oft verstellen wir Dir den Weg in unser eigenes Leben. Deshalb bitten wir Dich:

- Für die unter uns, die sich eingeschlossen haben in ihre Urteile und Vorurteile, in ihr Planen und Haben: Zeige ihnen den Weg zur wahren Freude! – Christus, höre uns!

- Für die unter uns, die das Gefühl haben, nicht gebraucht zu werden, überflüssig zu sein oder am Rande zu stehen: Führe sie zu Menschen, die ihnen das Gegenteil beweisen. – Christus, höre uns!

- Für Menschen, die nicht hoffen, die, obwohl noch jung an Jahren, nichts mehr erwarten: Zerbrich den Panzer ihrer Sinnlosigkeit! – Christus, höre uns!

- Und für die unter uns, die physisch krank sind, vielleicht unheilbar krank, so krank, dass sie um ihren nahen Tod wissen: Schenke ihnen die Gnade des Loslassens und des Ja-Sagens! – Christus, höre uns!

Komm, Herr, in die Armut und Dürre unserer Herzen! Komm in die Enge und Dunkelheit unserer Gedanken! Öffne unsere Augen, Ohren und Herzen für Dich, der Du mit dem Vater in der Einheit des Heiligen Geistes lebst und herrschest als Gott von Ewigkeit zu Ewigkeit. Amen.

„Bahnt für den Herrn einen Weg!" (Jes 40,3)

Predigt am zweiten Adventssonntag

Johannes der Täufer ist neben Maria die adventliche Gestalt schlechthin, weil er der Wegbereiter ist. Auf ihn bezieht der zweite Adventssonntag (Mk 1,2–4) die Worte des Propheten Jesaja: „Eine Stimme ruft: Bahnt für den Herrn einen Weg durch die Wüste! Baut in der Steppe eine ebene Straße für unseren Gott! Jedes Tal soll sich heben, jeder Berg und Hügel sich senken. Was krumm ist, soll gerade werden, und was hüglig ist, werde eben" (Jes 40,3f).

Fragen wir einmal ganz allgemein: Was eigentlich ist das Gegenteil von Weg, von Unterwegssein?

Die Antwort ist ganz einfach: *Wer gefangen ist, kann nicht unterwegs sein; deshalb ist Gefangenschaft das Gegenteil des Weges* – und dies in mehrfacher Hinsicht. Denn: Es gibt Gefangene, die *dürfen* nicht unterwegs sein. Es gibt Gefangene, die *können* nicht unterwegs sein. Und es gibt Gefangene, die *wollen* nicht unterwegs sein.

An die erste Gruppe denken wir zunächst, wenn von Gefangenen die Rede ist: an die Eingesperrten, an Menschen hinter Gittern, oder an die Menschen, denen jede Zukunft, jede Hoffnung, eben jeder *Ausweg* verbaut ist durch die himmelschreienden Unrechtsstrukturen in allzu vielen Ländern dieser Erde. Wer Befreiungstheologie nicht nur aus Büchern kennt, sondern mit Menschen gesprochen hat, die nicht nur einen Urlaub lang, sondern Jahrzehnte bei in Slums geborenen, aufgewachsenen und gestorbenen Menschen ausgehalten haben, weiß, was Ausweglosigkeit im Sinne von Hoffnungslosigkeit bedeutet, und wie wenig es uns ansteht, über Menschen zu urteilen, die aus dieser Gefangenschaft gewaltsam ausbrechen, obwohl es in der Bergpredigt heißt: „Selig, die keine Gewalt anwenden!" (Mt 5,5). Ich meine, über die, die nicht unterwegs sein dürfen, über die, denen von anderen der Weg verbaut wird, über die, die von der Justiz zu Recht oder häufig genug auch zu Unrecht eingesperrt sind, brauchen wir nicht lange zu reden. Zum einen wissen wir nicht, wie viele von ihnen stärker sind als alle Ketten; wie viele grundsätzlich darauf verzichten, Gleiches mit Gleichem zu vergelten; wie viele sich auch von den Mächtigsten nicht korrumpieren lassen; wie viele das Wenige, was sie haben, mit den noch Ärmeren teilen; wie viele dem Zeigefinger des Täufers Johannes längst gefolgt und Christus als Weg inmitten scheinbarer Ausweglosigkeit erkannt haben. Zum anderen hilft hier nicht Reden, sondern nur Tun. Die große Aktion der deutschen Katholiken vor Weihnachten trägt den Namen „Adveniat" – das heißt wörtlich übersetzt: „Er, Christus, soll kommen!" – Wohin? Natürlich dahin, wo Menschen nicht mehr weiter wissen; dahin, wo alles ausweglos scheint; dahin, wo Menschen innerlich oder äußerlich, physisch oder psychisch gefangen sind.

Bei der Adveniat-Kollekte denken wir vor allem an die Menschen in Südamerika. Das ist gut und richtig. Aber Christentum beginnt immer beim Nächsten. Natürlich wäre die Nächstenliebe viel einfacher, wenn die Nächsten nicht so nahe wären. Dem Täufer Johannes folgt man nicht durch Resolutionen, Papers und Absichtserklärungen, sondern indem man durch die Wüste einen Weg bahnt – Schritt für Schritt. Therese von Lisieux hat diesen Mut zum Weg durch die Wüste als die Bewegung von oben nach unten, als die Bewegung vom Abstrakten zum Konkreten, beschrieben. Denn nur wenn ich irgendwo konkret beginne, wenigstens einem Menschen irgendwie irgendwo – im übertragenen Sinn natürlich, aber sehr konkret und verlässlich und ausdauernd – „die Füße zu waschen", kann schließlich einer wieder gehen, der keinen Weg und schon gar kein Ziel mehr sah.

Schauen wir auf die zweite Gruppe: auf diejenigen, die nicht unterwegs sein *können*. Sie sind schwerer zu entdecken, weil sie sich verstecken, weil sie sich schämen und Angst vor uns haben. Es gibt sie in jeder Gemeinde, womöglich in jeder Straße: Menschen, die zwar unterwegs sein möchten, aber nicht mehr unterwegs sein können: Da will einer nicht mehr trinken, nicht mehr zu den Tabletten, nicht mehr zur Nadel greifen, und er tut es dennoch immer wieder, immer wieder, so oft, bis er sich selber aufgibt, bis er sich kein Ziel mehr setzt, bis er stehen bleibt, bis er keinen Schritt mehr vorwärts, sondern nur noch rückwärts geht – hoffnungslos, ausweglos, weg-los. Es gibt unendlich viele sublime Formen der Sucht und Abhängigkeit in unserer äußerlich so freien, von jeder Form von Gefangenschaft befreiten Gesellschaft.

Ich weiß es nicht, ich kann nur ahnen, was es heißt, aus den Gefängnissen der Sucht zu befreien, immer wieder an den anderen zu glauben, ihn nicht fallen zu lassen, ihn auch nicht einfach den Ärzten und Psychologen zu überlassen. Mir ans Herz gewachsen ist die Mutter eines meiner früheren Studenten, der heute in der Drogenszene vor dem Frankfurter Bahnhof lebt. Diese Mutter geht täglich zur Eucharistiefeier und fährt wöchentlich einmal nach Frankfurt. Sie sagte mir: „Ich muss ihm wenigstens meine Treue zeigen und ihm sagen, dass ich ihn nicht aufgegeben habe." Ich weiß von dieser tapferen Frau, dass sie täglich Christus in ihr Leben „hineinlässt"; sonst könnte sie wohl nicht weitergehen und erst recht nicht glauben, dass Christus sich ihrer Treue bedienen kann. Wenn irgendwo, dann gilt hier Christi Wort: „Was du einem von ihnen getan hast, das hast du mir getan; denn ich war im Gefängnis, und du bist zu mir gekommen. Ich konnte nicht mehr unterwegs sein, aber du wurdest mir zum Weg aus meiner Gefangenschaft heraus" (Mt 25,39f).

Gefangene, die nicht unterwegs sein *dürfen*; Gefangene, die nicht unterwegs sein *können*; und Gefangene, die nicht unterwegs sein *wollen*.

Gefangen, weil man nicht mehr weiter will – vielleicht die grausamste und vor allem die häufigste Form der Gefangenschaft!

Als ich heute Morgen aufstand – hat einer in sein Tagebuch geschrieben – da habe ich mir gesagt: es wird mal wieder so sein wie an den anderen Tagen. Und tatsächlich, es ist genauso gewesen. Ich habe

denselben Bus genommen wie jeden Morgen, habe dieselben Zeitungs-
artikel über die internationale Lage gelesen und erfahren, dass sie un-
verändert bleibt. Ich bin dieselbe teilnahmslose Treppe hinaufgegangen
wie alle Tage, habe im Büro dieselben Akten vorgefunden, diese Akten,
die sich seit Jahren bis auf den Buchstaben gleichen. Der Bürojunge war
derselbe, der Personalchef ebenso. Alle hatten ihr normales Alltagsge-
sicht, das Gesicht der Tage, an denen man nichts Besonderes erwartet.
Zu Mittag habe ich dasselbe gegessen wie gewöhnlich, es war Donners-
tag. Dann wieder ins Büro, bis fünf. Dann habe ich pünktlich Schluss gemacht und gedacht: Morgen wird alles wieder so sein.

Was die hier geschilderte Öde zur Gefangenschaft macht, ist nicht
das Eingespanntsein in die Routine des Alltags, sondern die Reduktion
des Menschen auf seine Funktion. Er ist austauschbar wie ein Rad oder
eine Glühbirne. Ihm kommt die Gewissheit abhanden, mehr zu sein als
seine bezahlte Leistung. Vielleicht sagt ihm niemand mehr – nicht einmal indirekt: „Gut, dass du da bist!"

Die Gefangenschaft derer, die nicht mehr weitergehen wollen,
wächst auch inmitten scheinbar intakter Ehen und Familien. Gewiss,
eine Frau wird sich durch einen Ehebruch ihres Mannes tief beleidigt
fühlen, aber viel schlimmer trifft es sie, wenn sie lebenslänglich spüren
muss, dass er die Heirat mit ihr für die größte Dummheit seines Lebens
hält. Und wie viele mag es geben, denen man schon deswegen das Wei-
ter-gehen-Wollen verunmöglicht, weil man so tut, als seien sie Luft. Das
ist wirklich Gefangenschaft. Er schnürt einem Menschen die Luft ab –
dieser unterschwellige Zynismus, der dem Anderen leise, aber gründlich
beibringt: „Du bist eigentlich überflüssig; wenn du fehltest, würde dich
keiner vermissen!" Wie viele wohl sind es, die nicht mehr weitergehen
wollen, weil sie nie wirklich angenommen, bejaht, wenigstens einmal
gelobt, ermutigt oder – gebrauchen wir an dieser Stelle ruhig dieses
inflationär entwertete Wort – „geliebt" worden sind!

Bisher habe ich es vermieden, irgendeine Gefangenschaft des Menschen
als Sünde zu bezeichnen. Letztlich aber sind alle Gefangenschaften
Folge eigener oder fremder Schuld. Zu Beginn des Kirchenjahres – in
der Adventszeit – stellen wir uns dieser Wirklichkeit (vgl. Mk 1,5).

Die Sünde – so bemerkt Søren Kierkegaard – hat zwar unzählige

Gesichter, aber nur eine Ursache. Weil der Mensch das einzige Geschöpf ist, das nicht nur endlich ist, sondern auch um diese seine Endlichkeit weiß, kann er seine Erfüllung nicht im Endlichen finden, sondern streckt sich aus nach dem, was mehr ist als die vierzig, fünfzig oder achtzig Jahre, die er in dieser Welt lebt. Es bleibt ihm nur eine Alternative: Entweder streckt er sich aus nach Gott; oder er sucht das Absolute im Endlichen – in sich selbst, in einem anderen Menschen oder in Dingen, die er besitzen oder selber machen kann. Wer die Spannung zwischen Endlichkeit und Unendlichkeit aufhebt, will entweder verzweifelt er selbst sein (Fixierung auf die Endlichkeit) oder verzweifelt nicht er selbst sein (Flucht aus der Endlichkeit). Alle psychischen Krankheiten bzw. Neurosen resultieren aus dem Versuch, das Unendliche im Endlichen finden oder aus der Endlichkeit fliehen zu wollen. Die Gefangenschaft des Neurotikers ist keine bloße Krankheit. Am Anfang steht immer eine Weigerung; die nämlich, die eigene Endlichkeit anzuerkennen.

Frage: Ist Jesus Christus der Weg auch aus diesem Gefängnis? Warum überhaupt ist er „*der* Weg" (Joh 14,6)? Warum nicht *ein* Weg unter vielen Wegen? Ist der Glaube an Jesus Christus als *den* Weg bloßes Dogma oder nur ein frommer Wunsch, der dem Leben nicht standhält? Opium für alle, die nicht stark genug sind für die Wirklichkeit? Verdummende Vertröstung für solche, die im Leben zu kurz gekommen sind?

Seit ein Mensch nicht nur im Leben, sondern auch im Sterben so eins war mit Gott, dass die Beziehung niemals abgerissen ist – auch in der tiefsten Tiefe auch in der ausweglosesten Gefangenschaft nicht –, seitdem hat die Hölle einen Ausweg[7]. Seitdem gilt: Wer Jesus als den Christus glaubt, hat den Weg gefunden, der aus der Gefangenschaft herausführt.

Der Glaube an Christus allerdings ist nichts, was man einmal hat und dann nicht mehr verlieren kann. Der Glaube an Christus ist das, was Paulus das „Beten ohne Unterlass" (1 Thess 5,17) nennt. Der Glaube an Christus ist wie ein Weg – nicht selten wie ein Weg durch die Wüste. O ja, in Christus hat sich Gott unwiderruflich an den Menschen gebunden. Aber er zwingt uns nicht. Er bleibt der Bundes-Gott. Er will nichts *an* uns *ohne* uns tun, sondern nur *mit* uns.

Er klopft an die Tore unserer Gefängnisse. Und er schließt sie auf. Aber die Tore öffnen, Ihn hereinlassen und Seinen Weg gehen, das müssen wir ebenso wie die, die vor zweitausend Jahren hinauszogen, ihre Sünden bekannt haben und sich taufen ließen (Mk 1,5).

Fürbitten

Herr Jesus Christus, Du bist der Weg, den Johannes uns gezeigt hat. Wir bitten Dich:

- Für Menschen, die nicht mehr weiter wissen; für Ehen und Familien, die zerbrochen sind; für Väter und Mütter, die keine Arbeit finden; für Jugendliche, deren Zukunft wie eine Wand ist; für Kranke, die keine Hoffnung mehr haben. Schenke ihnen die Erfahrung des Weges, der Mauern überwindet! – Christus, höre uns!

- Für Menschen, die sich eingerichtet haben im Trott ihrer Gewohnheiten. Für Menschen, die hart oder zynisch geworden sind. Schenke ihnen die Erfahrung des Weges, der Mauern überwindet! – Christus, höre uns!

- Für die Opfer von Hass und Unrecht, von Ausgrenzung und Verachtung, von Verrat und Untreue; und für Kinder, die nie geliebt worden sind. Schenke ihnen die Erfahrung des Weges, der Mauern überwindet! – Christus, höre uns!

- Für Menschen, die gefangen sind von ihrer Sucht; und für alle, die sich eingeschlossen haben in das Gefängnis von Ehrgeiz, Rivalität, Macht und Überforderung. Schenke ihnen die Erfahrung des Weges, der Mauern überwindet! – Christus, höre uns!

Herr Jesus Christus, sei Du in einem jeden von uns der Weg, der die Mauern der Verschlossenheit, der Enge und Angst überwindet! Schenke jedem von uns den Glauben an die je eigene Berufung! Verwandle unsere Traurigkeit in Freude und unsere Dunkelheit in Licht! Und schenke uns den Mut, anderen unsere Hoffnung mitzuteilen. So bitten wir Dich, der Du mit dem Vater in der Einheit des Heiligen Geistes lebst und herrschest als Gott von Ewigkeit zu Ewigkeit. Amen.

„Löscht den Geist nicht aus!" (1 Thess 5,19)

Predigt am dritten Adventssonntag

Seit alters her beginnen Philosophen ihre Arbeit damit, dass sie das, was die meisten von uns für selbstverständlich halten, hinterfragen; dass sie staunen über etwas, was anderen gar nicht auffällt. So etwas wahrhaft Staunenswertes ist ganz ohne Zweifel das Phänomen „Geist". Weil der Mensch geist-begabt ist, unterscheidet er sich unendlich weit von jedem Tier. Mit jedem unserer geistigen Akte können wir uns in etwas hineinbegeben, was außerhalb von uns selbst ist, so dass dieses Andere gleichsam in uns und wir in diesem Anderen sind, ohne dass wir die Andersheit des Anderen aufheben oder gar vereinnahmen. Wenn ich z. B. einen Gegenstand wie dieses oder jenes Kunstwerk geistig zu erfassen beginne, dann ist der Gegenstand mir nicht mehr äußerlich, sondern ich bin – so seltsam sich das anhören mag – in ihm und er in mir. Sobald ein Kind seine Umwelt geistig zu erfassen beginnt, ist sie ihm nicht mehr äußerlich, sondern wird ihm mit jedem Begriff inwendiger. Begriffe sind – so formuliert Hegel in seiner „Phänomenologie des Geistes" – das „In-Sein" der Gegenstände in unserem Bewusstsein und das „In-Sein" des Bewusstseins in den Gegenständen.

Dabei ist zu beachten, dass wir unsere höchste Begabung, unsere Geist-Begabung, missbrauchen bzw. pervertieren können. Denn sobald wir meinen, die Wirklichkeit, die wir begreifen, sei identisch mit unseren Begriffen, haben wir keine Ehrfurcht mehr vor der Andersheit des Anderen, sondern beginnen, uns das Andere – oder schlimmer noch: den Anderen – zu unterwerfen. Denken wir z. B. an die Zerstörung der Umwelt oder an die Reduktion des einzelnen Menschen auf die Begriffe einer Ideologie, der Apartheid, des Antisemitismus oder Nationalismus! Wenn wir den Anderen auf unsere Vorurteile, Begriffe oder Bilder reduzieren, dann unterwerfen wir ihn den eigenen Abstraktionen. Abstrakt (in abstrakten Begriffen) lässt sich wunderbar von „den Anderen" reden – z. B. von *den* Asylanten oder *den* Ausländern. Gewiss, eine Gesellschaft, die ihrer Mehrheit nicht gerade aus praktizierenden Christinnen und Christen besteht, wird sich politisch überlegen müssen, wie viel Andersheit des Anderen sie sich zumuten kann. Dessen ungeachtet aber gilt: Wo sich ein Einzelner der Andersheit eines konkreten Anderen wirklich aussetzt, wo ich – ich ganz persönlich – in das Gesicht z. B. eines konkreten Asylanten blicke, da bleiben mir – hoffentlich! – meine Rechnungen, Berechnungen, Statistiken und Abstraktionen im Halse stecken.

Nichts ist schlimmer, als wenn wir im wahrsten Sinne dieses Wortes „fertig sind" mit dem Anderen. Perversion der Geistbegabung ist das: das „Fertigsein mit dem Anderen".

In Wahrheit kommen wir mit *dem* Begreifen, das ein *Verstehen* ist, nicht einmal da zu Ende, wo der Andere ein Anderes, z. B. ein Ding, ein toter Gegenstand oder ein Werkzeug ist. Versuchen Sie einmal mit dem Verstehen eines Minerals, eines einzelnen Atoms, erst recht mit dem Verstehen eines Kunstwerks, einer einzelnen Zelle, eines einzelnen Grashalms, einer einzigen Blume definitiv an ein Ende zu kommen! Ganz zu schweigen von einer anderen Person!

Jemand, der wirklich nach der Wahrheit sucht und nicht meint, das, was er schon verstanden hat, sei identisch mit dem, was er zu verstehen sucht, wird niemals behaupten, er sei fertig geworden mit seinem Verstehen.

Fertig werden kann ich wohl im technischen Umgang mit der Wirklichkeit, nicht aber mit ihrem Verstehen. Haben denn die Wissenschaftler, die mit den Bausteinen des Lebens hantieren, die z. B. Samen und Eizelle im Reagenzglas verschmelzen, extrauterin Embryonen entwickeln und dann auch selektieren, auch nur ansatzweise *verstanden*, was

Leben, was menschliches Leben, was die unwiederholbare Einzigkeit des einzelnen Menschen ist? Wo Verstehen ist, da ist auch Ehrfurcht und nicht zuletzt das Staunen vor der unauslotbaren Andersheit des Anderen.

Geist ist Selbsttranszendenz, ist das Überschreiten des eigenen Ich, ist das Sichausstrecken nach dem Anderen. Das weiß die Heilige Schrift sehr genau. Denn in ihr heißt es, dass die höchste Form des Geistes, die höchste Form des Verstehens, die Liebe ist. Solange ich den Anderen denke, bin ich immer in der Gefahr, ihn mit meinem Bild von ihm, mit meiner Idee von ihm, mit meinem Begriff von ihm zu verwechseln. Wenn ich den Anderen aber liebe, dann gehe ich wirklich hinaus aus dem eigenen Ich; dann überschreite ich das eigene Selbst; dann setze ich mich der Andersheit des Anderen aus; dann lasse ich mich von der Andersheit des Anderen berühren, ja sogar verwunden; dann beginne ich, nicht nur mit dem Verstand, nicht nur mit den Sinnen, sondern mit dem Herzen zu verstehen.

Gott *hat* nicht nur Geist; nein, er *ist* Geist. Gott ist als Ich ganz im Du des Anderen, als Vater ganz im Sohn und als Sohn ganz im Vater. Gott *ist* Verstehen, und zwar die Höchstform des Verstehens. Er ist *Heiliger* Geist, weil er die *Liebe* ist (1 Joh 4,16).

Frage: Woher wissen wir das? Antwort: durch Jesus Christus. Er war der Mensch, der ganz im Anderen seiner selbst sein konnte – Geheimnis des Heilligen Geistes! Er war so sehr in seinem Vater, dass er von sich sagen durfte: „Wer mich sieht, sieht den Vater" (Joh 10,30; 16,15). Und er war so sehr in den Menschen, denen er begegnete, dass er sagen durfte: „Wer in mir bleibt und in wem ich bleibe, der hat das Leben, das nicht sterben kann" (Joh 6,56).

Die Gnostiker und die religiösen Schwärmer aller Zeiten haben den Heiligen Geist jenseits des herabgestiegenen, in Christus Fleisch, in Christus konkret gewordenen Gottes gesucht. Aber die Heilige Schrift ist da ganz eindeutig: Der Heilige Geist verbindet uns mit Christus. Und Christus ist der herabgestiegene, der Fleisch gewordene, der Hand und Fuß gewordene, der sich der Andersheit des Anderen bis zur Konsequenz des Kreuzes aussetzende Gottessohn. Wer sich im Heiligen Geist mit Christus verbinden lässt, der darf mit dem Propheten Jesaja sagen: „Der Geist des Herr ruht auf mir. Denn er hat mich gesandt, den Armen eine frohe Botschaft zu bringen, zu heilen, die zerbrochenen Herzens sind, den Gefangenen die Entlassung zu verkünden und den Gefesselten die Befreiung" (Jes 61,1).

Das ist die Kernaussage des dritten Adventssonntags, des Sonntags mit dem Ruf zur Freude: „Gaudete!" Gemeint ist die Freude, die jeder erfährt, der sich vom Geist des Herrn ergreifen lässt, der das eigene Ich überschreitet auf das Du des Anderen hin.

Täuschen wir uns nicht! Die Warnung der zweiten Lesung aus dem ersten Thessalonicherbrief: „Löschet den Geist nicht aus!" (1 Thess 5,19) gilt auch uns. Es gibt mehr gnostische Existenzen, als wir alle meinen. Und die Versuchung dazu liegt in einem jeden von uns. Man kann sein ganzes Leben der Theologie widmen und doch nicht einmal ansatzweise in Christus *sein*. Man kann täglich das Sakrament der Eucharistie empfangen und doch den Nächsten übersehen. Paulus hat uns mit Worten, die eindringlicher kaum sein könnten, vor dieser Gefahr gewarnt: „Wenn du mit allen Sprachen der Menschen und Engel reden könntest, wenn du prophetisch reden könntest und alle Geheimnisse wüsstest und alle Erkenntnis hättest, und wenn du alle Glaubenskraft besäßest und Berge damit versetzen könntest, hättest aber die Liebe nicht, du wärest wie dröhnendes Erz oder wie eine lärmende Pauke; du wärest nichts!" (1 Kor 13,1f).

Wie es eine Perversion des Geistes gibt, so auch eine Perversion, die sich gegen den *Heiligen* Geist richtet. Die Bibel spricht von der „Sünde wider den Heiligen Geist" (Mt 12,31), und davon, dass jede Sünde außer ihr vergeben werden kann. Gemeint mit dieser unvergebbaren Sünde ist der Hochmut. Wer hochmütig ist, will keine Vergebung. Wollte er Vergebung, müsste er Schuld eingestehen; doch genau das kann der Hochmütige nicht, solange er hochmütig bleibt. Wo Hochmut herrscht, hört das Verstehen auf, das wissenschaftliche Verstehen (Phänomen des Geistes) und erst recht die Liebe (Phänomen des Heiligen Geistes). Wo Hochmut regiert, herrscht der Gegensatz. Der Hochmütige freut sich nicht über seinen Besitz, sondern darüber, dass er mehr hat als der Andere. Der Hochmütige will nicht diesen oder jenen Posten, sondern den

Anderen ausstechen, den Anderen übertreffen, den Anderen demütigen. Der Hochmut lebt vom Gegensatz. Der Hochmut ist die hochfahrende Bewegung, die Bewegung des Turmbaus zu Babel, des Ortes, an dem die Menschen ihre unterschiedlichen Sprachen (ihre jeweilige Andersheit) nicht mehr verstanden – ein tiefgründiges Bild der Perversion des Geistes *und* der Sünde wider den Heiligen Geist!

Augustinus nennt den Heiligen Geist das Gegenteil des Hochmuts, nämlich die Demut. Den Anderen verstehen oder gar sich der Andersheit des Anderen aussetzen kann nur der Demütige. Löschet den Grund aller Freude, löschet das „In-Sein" Jesu Christi in Euch selbst nicht aus! „Löschet den Heiligen Geist nicht aus!" (1 Thess 5,19).

Ich kenne ein junges Ehepaar – beide Wissenschaftler, sie Historikerin, er Physiker. Die beiden können keine eigenen Kinder bekommen. Deshalb haben sie sich vor zwei Jahren entschlossen, ein Kind zu adoptieren – nicht ein Kind nach eigenen Maßstäben und Begriffen, nach eigenen Wunschvorstellungen und Leistungsidealen, sondern ein an Narzissmus erkranktes, also psychisch schwer geschädigtes, neurotisch auf sich selbst fixiertes Kind. Die beiden sind alles andere als abgehobene Spinner. Sie leben ihren Glauben an Christus – gemeinsam! – auf eine sehr inkarnatorische, handfeste, nüchterne und also glaubwürdige Weise. Sie lassen sich selbstverständlich von Ärzten und Psychotherapeuten beraten. Aber sie sind auch überzeugt: Durch das liebende Hineingehen in die Andersheit des Anderen, in die Andersheit dieses ihres Kindes, können sie mehr als ärztliche Kunst bewirken. Für mich sind diese beiden Eheleute – entschuldigen Sie, wenn sich das pathetisch anhört – ein „Phänomen des Heiligen Geistes"!

Es geht gewiss nicht um asketische Überforderung. Christentum ist kein Traktat der reinen Anstrengung. Das Entscheidende wird uns geschenkt – im Glauben! Aber wo einer in Christus ist und Christus in ihm, da kann jeder von uns auf je einmalige Weise erfahren, was der Sonntag „Gaudete" uns wünscht: *die* Freude, die das *Geschenk des Heiligen Geistes* oder die *Frucht des liebenden Verstehens* ist.

Fürbitten

Herr Jesus Christus, Du hast uns Deinen Geist gesandt, damit unsere Herzen beginnen, die Andersheit des Anderen zu verstehen. Wir bitten Dich:

- Für die Menschen, die sich nicht mehr verstehen: Für Eheleute, die sich getrennt haben; für Familien, die zerbrochen sind. Und besonders für die Menschen, die an den Frontlinien des Hasses stehen: auf dem Balkan; in Nahost, in Afrika; zwischen Schwarz und Weiß, zwischen Nord und Süd, zwischen den Religionen und den Konfessionen. Wir rufen zu Dir: Verbinde, was getrennt ist! Christus, höre uns!

- Für die unzähligen Opfer von Ausgrenzung, Diskriminierung und Verfolgung, für die Opfer des Rassenwahns, des Antisemitismus und Nationalismus, für die Opfer des Gegensatzes zwischen Arm und Reich, für die Straßenkinder von São Paulo und Bukarest, für die Opfer des Drogenhandels und der Prostitution, für die vielen ungenannten und vergessenen Gesichter der verweigerten Liebe. Wir rufen zu Dir: Wärme, was erkaltet ist! Christus, höre uns!

- Für die Politiker, die Macht über andere haben und diese Macht missbrauchen; für die Wissenschaftler, die Menschen zu Objekten ihres Ehrgeizes, ihrer Forschung oder Habsucht degradieren. Und für alle, die ihre Begriffe mit der Wirklichkeit und ihr Wissen mit dem Verstehen verwechseln. Wir rufen zu Dir: Beuge, was verhärtet ist! Christus, höre uns!

- Für uns selbst: Bilde unser Herz nach Deinem Herzen! Lass uns teilnehmen an Deiner Liebe zum Vater und zu den Menschen! Schenke uns das Verstehen, das mehr ist als alles Wissen. Und erfülle unser Leben mit der Freude, die Frucht des Heiligen Geistes ist! Christus, höre uns!

Herr, gib, dass wir unterscheiden lernen zwischen der Wirklichkeit und unseren Deutungen, zwischen Deinem Willen und unseren Zwecken, zwischen dem, was wir machen können, und dem, was wir machen sollen. Komm Du in unseren Verstand und in unser Herz durch den Geist, in dessen Einheit Du mit dem Vater lebst und herrschest als Gott von Ewigkeit zu Ewigkeit. Amen.

„Freut euch zu jeder Zeit!" (1 Thess 5,16)

Predigt am dritten Adventssonntag

Wer sich darum kümmert, dass der soziale Wohnungsbau vorankommt, dass ein Kinderspielplatz entsteht, dass alte Leute Essen auf Rädern bekommen, dass die Krebsforschung Fortschritte macht, kurz, wer sich um Belange kümmert, die uns hier und jetzt nachweisbar nützen, der kann des öffentlichen Beifalls sicher sein. Zu Recht! Weltfremdes Gerede bringt uns nicht weiter.

Aber was machen wir dann mit dem Satz, der im Zentrum des soeben verlesenen Abschnittes aus dem ersten Thessalonicherbrief steht: „Betet ohne Unterlass!" (1 Thess 5,17)? Bleiben wir damit schamhaft innerhalb unserer Kirchenwände? Oder würden Sie im Ernst wagen, Ihrem Kollegen, Ihrem Nachbarn (der doch im Regelfall auch Christ ist) zu sagen: „Bete ohne Unterlass!" Stellen Sie sich einmal vor, in einer Umweltschutz-Diskussion würde einer vorne ans Mikrofon gehen und sagen: „Betet ohne Unterlass!"

So können wir das, was gemeint ist, offensichtlich nicht sagen. Denn gemeint ist mit den Worten der Lesung nicht Weltflucht, sondern eher das Gegenteil. Gemeint ist mit der Mahnung des Apostels Paulus, dass nur die Menschen, die beten, der Versuchung widerstehen, das irdische mit dem ewigen Leben zu verwechseln.

„Binde den Karren deines Lebens an einen Stern!", rief Papst Johannes Paul II. in Wien Tausenden von jungen Menschen zu. Das ist ein überaus anschauliches Bild. Aber der Stern darf nicht äonenweit entfernt von uns sein. Deshalb fügte der Papst hinzu: „Binde den Karren deines Lebens an den Stern, der Christus heißt! Er ist dir näher, als du dir selber nahe bist."

Schöne Worte ohne konkreten Inhalt?

Der dritte Adventssonntag, der Sonntag mit dem Ruf „Gaudete!" („Freuet euch!"), möchte uns die Augen öffnen für eine Veränderung dieser Welt, die nichts von dem denunziert, was mehr Wohlstand, mehr soziale Gerechtigkeit und bessere Arbeitsplätze bringt, die aber dennoch über all das weit hinausgeht.

Die Heilige Schrift des Alten und des Neuen Testamentes kennt das „Prinzip Verklärung". Das Wort klingt – zugegeben – im Deutschen etwas antiquiert oder zumindest befremdlich. Nicht selten spricht man mit ironischem Unterton von dem verklärten Blick der Verliebten oder von dem verklärten Enthusiasmus musik- oder sportbegeisterter Fans. Aber genau dieses Abgehobene ist in der Bibel nicht gemeint, wenn im griechischen Urtext des Neuen Testamentes von einer *metamorphosis* die Rede ist – z. B. in der bekannten Verklärungsszene auf dem Berge Tabor. Da heißt es: Sie redeten vom Weg nach Golgota. Nichts Erhebendes, sondern eher etwas Deprimierendes ist das Thema oben auf dem Gipfel der Verklärung. Tabor und Golgota sind keine Gegensätze in der Heiligen Schrift. Im Gegenteil: Wie ein roter Faden zieht sich durch die Verkündigung Jesu die Verheißung, dass sich Verklärung gerade da ereignen kann, wo wir äußerlich betrachtet am Ende sind.

Wieso? Wie geht das denn: *das „Prinzip Verklärung" leben?*

Ich möchte nicht mit einem abstrakten Satz antworten, sondern mit einigen Beispielen, mit Menschen, die mir in der Seelsorge begegnet sind.

Da kenne ich einen Heimatvertriebenen, der im Osten sein elterliches Gut verloren hat und dem ersehnten landwirtschaftlichen Beruf entsagen musste. Als guter Rechner und Organisator wurde er Bankbeamter und hat es zum Leiter einer Bankfiliale gebracht. Er erzählte mir, er

44

habe sich vorgenommen, bei dieser ihn zunächst wenig lockenden Tätigkeit alles Erdenkliche an menschlichem Reichtum herauszuholen. Heute bereite es ihm Genugtuung, wenn er Unkundigen in ihren Geldangelegenheiten beistehen könne. Seine Hilfsbereitschaft hat seine zunächst nicht gesuchte Tätigkeit mit Sinn erfüllt.

Ein weiteres Beispiel ist die Björn-Steiger-Stiftung, eine Organisation, die regelmäßig Altpapier und abgelegte Kleider sammelt. Aus dem Erlös sind schon Millionenbeträge zusammengekommen. Was hat es damit auf sich? Der Architekt Siegfried Steiger und seine Frau verloren ihren Jungen namens Björn durch einen Autounfall, weil ärztliche Hilfe für das verletzte Kind zu spät kam. Das Ehepaar hörte aus dem harten Verlust einen Gewissensruf heraus und kämpft seitdem mit Hilfe seiner Sammelaktion um die Errichtung von Notrufmeldern an der Autobahn. Ich weiß nichts von der Arbeit des Architekten Steiger, aber ich bin überzeugt, dass dieser Hilfsdienst, den er aufgebaut hat, sein Leben und das seiner Frau mit neuem Sinn erfüllt hat.

Damit keiner von uns sagen kann, sein unscheinbares Leben und im Besonderen sein Beruf biete keine rechte Chance für eine sinnvolle Leistung, wähle ich als drittes Beispiel die Arbeit eines Osnabrücker Arbeiters: Gewiss, die Müllabfuhr muss sein, aber beachtet und geachtet wird diese Arbeit wenig, solange sie geschieht. Doch ausgerechnet ein bei der Osnabrücker Müllabfuhr beschäftigter Arbeiter erhielt vor fünf Jahren das Bundesverdienstkreuz. Seine Arbeit hat dieser Mann stets mit löblichem Fleiß verrichtet, aber danach hätte die Öffentlichkeit nicht gefragt. Das Besondere, das ihm die Auszeichnung eintrug, ist dies: Er sucht in den Mülltonnen und beim Sperrmüll das weggeworfene Spielzeug heraus, setzt es in den Abendstunden wieder instand und beschenkt bedürftige Kinder damit. Begabt mit Bastlergeschick, ringt er seinem an sich schon sinnvollen Ordnungsberuf einen zweiten und diesmal glanzvollen Sinn ab.

Und was dann, wenn ein Mensch verhindert ist, etwas derart Nützliches zu leisten? Ich denke an eine Frau, der Papst Johannes Paul II. bei einem Besuch in der Gemelli-Klinik in Rom die höchste Auszeichnung des Vatikans verlieh. Seit fünfundzwanzig Jahren liegt sie gelähmt im Bett, muss gewaschen, angezogen und gefüttert werden, und ist doch ein Mensch, der Freude ausstrahlt. Obwohl sie nur mühsam sprechen kann, trifft man an ihrem Bett seit Jahren täglich Rat- und Trostsuchende. Und viele haben von ihr das Beten wieder gelernt.

Man verwandelt nur, was man annimmt, nicht widerwillig annimmt, sondern von innen heraus. Das möchte ich das „Prinzip Verklärung" nennen. In dem Augenblick, wo Christus sich anschickt, den Weg nach Golgota zu gehen, wo er sagt: „Vater, Dein Wille geschehe!", da schildert der Evangelist das Ereignis der Verklärung.

Der dritte Adventssonntag mit dem Ruf „Gaudete!" („Freuet euch!") fordert jeden von uns auf: „Binde den Karren deines Lebens an den Stern, der Christus ist!"

Ich weiß nicht, ob die Menschen, von denen ich in meinen Beispielen erzählt habe, sich bewusst waren, das „Prinzip Verklärung" zu leben. Ich vermute aber, dass jeder von ihnen täglich betet. Das Beten, das ich dabei im Blick habe, ist mehr als das Absolvieren von Gebeten; man kann es mit dem Bild des Papstes beschreiben. Denn dieses Beten bindet das Leben des Beters an Gott. Und weil solche Bindung stets zerreißen kann, schreibt Paulus an die Thessalonicher: „Betet ohne Unterlass!" (1 Thess 5,17).

Manchmal dauert es sehr lange, bis das Prinzip Verklärung alle Widerstände überwindet. Ein Beispiel ist die Jüdin Golda Chair. Sie trug bis zu ihrem Tod 1972 ein Armband mit den in Gold gefassten Milchzähnen ihrer neun Kinder. Ihr Mann, ein Juwelier, hatte ihr dieses Schmuckstück gefertigt und zum 40. Geburtstag geschenkt. Alle ihre neun Kinder und ihr Mann sind in den Gaskammern von Auschwitz umgekommen. Golda Chair selbst hat Bergen-Belsen überlebt. Nach dem Krieg leitete sie ein Waisenhaus in Israel. Erst 1970 fand sie sich bereit zu einem Interview mit einer deutschen Zeitung. Sie sagte in diesem Interview wörtlich: „Es hat lange gedauert, bis ich weinen konnte. Es hat noch länger gedauert, bis ich wieder leben wollte. Und es hat fast zwölf Jahre gedauert, bis das Eis des Hasses zu schmelzen begann. Heute – dreißig Jahre nach dem Grauen – kann ich wieder lieben."

Gott sei Dank sind solche Schicksale die Ausnahme. Aber jeder von uns trägt ein Kreuz, manchmal ganz verborgen und deshalb umso einsamer.

Man verwandelt nur, was man annimmt. Und Verklärung geschieht nur, wenn wir den Karren unseres Lebens an den binden, auf den der Täufer Johannes mit dem großen Zeigefinger des Isenheimer Altars verweist.

Christus ist das Licht, das jede Finsternis besiegen kann. Das ist – wie unzählige Menschen bezeugen – kein leeres Versprechen. Gewiss, es gibt sie in fast jeder Straße: Eltern, die an der Kälte des eigenen Sohnes oder der eigenen Tochter buchstäblich zerbrechen; Menschen, die sich aufgegeben haben; den Trinker, der sich und seine Familie ruiniert; Ehen, in denen die Liebe tot ist; Kranke, die verzweifelt sind; Menschen, die nicht mehr leben wollen.

Aber es gibt sie ebenso gewiss: Eltern, die nicht resignieren; Menschen, die vor dem Trümmerhaufen eines armseligen Lebens der Enttäuschungen und Niederlagen stehen und die dennoch nicht aufgeben; Ehen, in denen einer die Mauer des Schweigens und der Gleichgültigkeit endlich durchbricht; Kranke, die Freude ausstrahlen; Menschen, die an einem offenen Grab Zeugen der Hoffnung sind.

Es gibt eine Freude, die das Dunkel nicht verdrängt, sondern besiegt; eine Freude, die aus tiefster Geborgenheit kommt; ein Licht, das so stark ist, dass es von keiner Dunkelheit besiegt wird. Auf eben dieses Licht verweist der Täufer mit den Worten: „Mitten unter euch steht der, den ihr nicht kennt und der nach mir kommt; ich bin es nicht wert, ihm die Schuhe aufzuschnüren" (Joh 1,26f). Denn Er ist das Licht, das alle Dunkelheit hell macht. Er ist die Freude, die uns der Sonntag „Gaudete" verspricht.

Fürbitten

Herr Jesus Christus, Du bist das Licht, das unsere Dunkelheit hell macht. Du bist die Freude, die den Traurigen Hoffnung schenkt. Du bist die Liebe, die unsere Herzen öffnen will. Wir bitten Dich:

- Für Menschen, die sich eingeschlossen haben in ihren Hass oder ihre Verbitterung, in ihre Niederlage oder Trauer. – Christus, höre uns!

- Für alle, die nichts mehr von der Zukunft erwarten; für Menschen, die nie ermutigt werden; und für solche, die sich selbst nichts zutrauen. – Christus, höre uns!

- Aber auch für die, die den neuen Anfang wagen; für Menschen, die wieder aufstehen, wenn sie gefallen sind; besonders für die aus unserer Mitte, die nach langer Zeit zum ersten Mal wieder beichten. – Christus, höre uns!

- Und für uns selbst, die wir uns nach der wahren Freude sehnen; für die Verwandten und Freunde, mit denen wir Weihnachten feiern wollen; und für den Nächsten, in dem Du selbst uns anschaust. – Christus, höre uns!

Herr, schenke uns die Kraft der Verklärung. Lass uns teilnehmen an Deiner Liebe, die alles Sinnlose in Sinn verwandeln kann. Schenke uns die wahre Freude und mach uns zu Zeuginnen und Zeugen Deiner Herrlichkeit. So bitten wir Dich, der Du mit dem Vater in der Einheit des Heiligen Geistes lebst und herrschest als Gott von Ewigkeit zu Ewigkeit. Amen.

„Ja, mir geschehe, wie Du gesagt hast!" (Lk 1,38b)

Predigt am Hochfest der ohne Erbsünde empfangenen Jungfrau und Gottesmutter Maria

Ruf zur Umkehr – Johannes.
Ruf zur Entscheidung – Johannes.
Erwartung des Erlösers – Maria.
Ankunft des Erlösers – Maria.

Bußgesinnung – Johannes.
Freude auf das Kommen des Herrn – Maria.

Mit diesen Stichworten beschreibt der englische Kardinal John Henry Newman den Rhythmus der vier Adventssonntage. Er spricht von einer johanneischen und einer marianischen Hälfte der Adventszeit: die erste Hälfte eine Zeit des Rufes zur Umkehr, zur Entscheidung, zur Buße, verkörpert in Johannes dem Täufer; und die zweite Hälfte eine Zeit großer Verheißung und froher Erwartung, verkörpert in Maria, der Mutter des Herrn.

Lukas beschreibt Maria zweimal als die adventliche Gestalt schlechthin: zu Anfang seines Evangeliums, da sie die Geburt des Sohnes, und zu Anfang der Apostelgeschichte, da sie die Geburt der Kirche erwartet.

Nicht zufällig hat Papst Pius IX. das Dogma von der „Unbefleckten Empfängnis" im Advent verkündet: am 8. Dezember 1854. Maria wurde ohne

Erbsünde geboren; das feiern wir bewusst in der Adventszeit, in einer Zeit der Vorbereitung und Erwartung.

Wenn man den Statistiken glauben darf, dann wissen 85% der Katholiken in unserem Lande nicht, was das Wort „Erbsünde" meint. Noch mehr, nämlich 92%, wissen nicht, was das Dogma von der „Unbefleckten Empfängnis" sagen will. Und auf die Frage „Glauben Sie an dieses Dogma?" bekannten 84% der Befragten, sie könnten damit nichts anfangen; geschweige denn, dass Maria für sie „Grund zur Freude"[8] oder wesentlich für ihr Leben sei.

Beweisen diese Umfrageergebnisse die Überflüssigkeit des Dogmas von 1854? Oder haben wir verlernt, hinter dieser Lehre das Leben zu entdecken? – Zum Beispiel das Wort „Erbsünde": Ist das eine verstaubte dogmatische Formel, oder doch etwas, was mit Ihnen und mit mir, mit unserem Leben und Alltag, zu tun hat?

Durch die Taufe – so haben zumindest die Älteren unter uns im Katechismus gelernt – wird die Schuld der Erbsünde getilgt, nicht aber die Folge dieser Schuld. Eine dieser Folgen darf man sich vorstellen wie einen Graben zwischen dem, was wir eigentlich wollen, und dem was wir dann tatsächlich tun. Früher sprachen die Theologen von „Begierlichkeit".

Wir alle erfahren täglich, was das heißt: zu wenig Glaube, zu zaghafte Hoffnung, zu kühle Liebe; Gespräche, die abgebrochen, Entwicklungen und Anregungen zum Guten, die abgeknickt, Versprechen, die nicht gehalten werden; Gleichgültigkeit, die zur Entfremdung wird. Keiner von uns kann in seinem Leben diese Risse leugnen, diese Brüche, diese heimliche und versteckte Selbstgerechtigkeit, diese Ohnmacht zum Guten, diese Anpassung an das, was alle tun. Wir kleben an Gewohnheiten, an Schwächen und Versuchungen. Da möchte einer verzeihen und kann es doch nur äußerlich. Da möchte einer Geduld aufbringen, und der Kragen platzt ihm doch. Da möchte einer nicht mehr trinken, und er tut es trotzdem immer wieder. Da will einer restlos wahrhaftig sein und bleibt doch Opfer seiner Angst. Da will einer endlich mutig sein und passt sich dennoch feige an. Da will einer wirklich selbstlos werden und denkt auch dabei an sich selbst. Kurz: Wir wollen sehen und sind doch blind. Wir wollen gehen und sind doch lahm. Wir wollen hören und sind doch taub. Wir wollen ganz sein und sind doch halb (vgl. Jes 35,5f).

Wären wir in jedem unserer Akte ganz wir selbst, dann gäbe es das nicht; dann gäbe es keine Halbheit. Dann gäbe es keine halbe Entscheidung für Gott, aber auch keine halbe Entscheidung gegen Gott. Wenn wir in all unserem Reden, Denken und Tun ganz wir selbst wären, dann gäbe es weder im Guten noch im Schlechten die oft undurchschaubare Mischung von „positiv" und „negativ"; dann gäbe es nicht so etwas wie eine halbe („lässliche") Sünde, sondern nur eine ganze Sünde („Todsünde"). Dann gäbe es auch keine „halbe Heiligkeit", kein halbes „Ja", kein „Jein" zu Gott, sondern nur ein ganzes, ein vollkommenes „Ja".

Frage: Kann das sein, dass der Mensch, der – wie auch immer – von Gott gefragt wurde, ob er Mutter des Erlösers werden wolle, mit einem halben „Ja" geantwortet hat? Kann das sein, dass das Ja-Wort Marias, von dem die Verkündigungsszene des Lukasevangeliums erzählt, ein in der eben geschilderten Weise gebrochenes *fiat* war?

Nun sollte man sich hüten, nach dem Motto zu argumentieren, dass nicht sein kann, was nicht sein darf. Aus der Angemessenheit lässt sich kein Faktum ableiten.

Deshalb vorab die Frage: Gibt es in der Urkunde unseres Glaubens, in der Heiligen Schrift, einen Hinweis auf das, was die Kirche dogmatisch von Maria sagt: nämlich dass sie ohne Sünde war und blieb; dass also in ihr auch nichts von den Folgen der Sünde zu spüren war, von dem Graben, den wir eben beschrieben haben: zwischen dem, was wir eigentlich wollen, und dem, was wir tatsächlich zustande bringen?

Die Antwort liegt in der alttestamentlichen Hoffnung auf den „heiligen Rest", der die Tora (den Willen Gottes) erfüllt. Die mit Maria identifizierte Tochter Zion ist nicht die einzige, aber die vollkommene Gestalt dieses „heiligen Restes". Der von Jahwe dem Volk Israel geschenkte Bund wird von Maria auf denkbar vollkommene Weise durch unbedingte Tora-Treue, durch das von jeder Sünde unbefleckte Ja-Sagen zum Willen Gottes beantwortet. Gleich im ersten Kapitel des Lukasevangeliums lesen wir: „Da sagte Maria: ‚Ich bin die Magd des Herrn; mir geschehe, wie du es gesagt hast'" (Lk 1,38).

Aus dem Christusereignis darf man nicht folgern, der Bund Jahwes mit Israel sei irgendwann aufgekündigt worden. Paulus bezeichnet in Röm 11,5 das in der Heilsgeschichte Israels immer wieder auftauchende Phänomen des „heiligen Restes" als Zeichen dafür, dass Jahwe seine Bundestreue niemals aufgekündigt hat. Paulus verweist auf die Siebentausend, die zur Zeit des Elija ihre Knie nicht vor Baal gebeugt haben. Und er betont, dass ein gewisser Rest auch später die Treue zur Tora gewahrt habe. Wenn bereits die Väter des zweiten Jahrhunderts Maria als die „neue Eva" bezeichnen und ihr in diesem Bild unbedingte Treue zum Willen Gottes zusprechen, dann unter anderem auch deshalb, weil die Heilige Schrift von dem „heiligen Rest" spricht, in dem Gottes Willen gegen alle Widerstände doch noch zur Darstellung gelangt.

Die Sündlosigkeit der Mutter Gottes bedeutet nicht, dass sie aus der Geschichte Israels herausgenommen wird, sondern ganz im Gegenteil: Maria steht *in* der Heilsgeschichte Israels. Sie ist in ganz besonderer – in denkbar vollkommener – Weise der „heilige Rest", in dem der Bund Jahwes mit Israel durch das Ja-Wort der Treue beantwortet wird. Die Gnade, die ihr ein vollkommenes (immakulates) Ja-Wort zum Willen Gottes ermöglicht, wird ihr nicht unsichtbar bzw. jenseits von Raum und Zeit vermittelt, sondern als einer Tochter des auserwählten Volkes Israel.

An der Gestalt Marias kann man besser als an jeder anderen Gestalt der biblischen Heilsgeschichte ablesen, dass Gott seine Adressaten nie zu bloßen Objekten oder Empfängern degradiert, sondern als Partner eines Bundesverhältnisses will. Auch wenn der Bund mit Israel ganz und gar sein Geschenk ist, bedeutet „Bund" doch auch, dass Gott sein Volk Israel als aktives Subjekt und nicht als passives Objekt will. Nie handelt Gott an Israel ohne Israel. Immer ist die Gabe zugleich Aufgabe. Immer soll der Israelit Geber dessen werden, was er aus Gottes Händen empfängt. Das neun Monate vor Weihnachten (am 25. März) gefeierte Fest „Mariä Verkündigung" bedeutet doch, dass Gott, bevor er Mensch wird, sich an das freie und ganze (von keiner Sünde befleckte) Ja-Wort des Menschen bindet, durch den er Mensch wird. Kurzum: Maria ist ganz und gar Werk Gottes („voll der Gnade"); aber gerade deshalb auch der Mensch, der als er selbst – in vollkommener (von keiner Sünde befleckter) Freiheit – „Ja" sagt.

In Maria konnte Gott im wahrsten Sinne des Wortes „ankommen". Sie hat das Geschöpf, in dem Gott sich selbst als Mensch ausgesagt hat, ohne jeden Widerstand, ohne jede Einschränkung in sich aufgenommen. Maria war ohne Sünde, und sie blieb ohne Sünde und mithin auch ohne jene Gespaltenheit, die all unser eigenes Reden, Denken, Handeln unvollkommen macht. Deshalb bekennt die Kirche von Maria, dass nicht nur ihr Leben, sondern auch ihr Sterben verschont war von den Folgen der Sünde, von der Gespaltenheit zwischen dem, was wir eigentlich sein sollten bzw. sein möchten, und dem, was wir tatsächlich sind[9]. Ihr Sterben war ein vollkommener Übergang in die innerste Gemeinschaft mit Gott.

Maria ist das „unbefleckte", das „immakulate Konzept", das Gott von Ewigkeit her vom Menschen hatte. In ihr ist das „Konzept" des freien Geschöpfes von keiner Sünde getrübt.

Aber fragen wir gerade deshalb: Was geht das mich an? Wieso betrifft das mich, mein Leben und meinen Alltag?

Eine Gegenfrage: Was wäre, wenn Maria „Nein" statt „Ja" gesagt hätte? Gewiss eine theoretische Frage, aber doch eine reale Möglichkeit! Deswegen nennen die Kirchenväter Maria ja die „neue Eva", weil sie im Unterschied zur ersten Eva „Ja" statt „Nein" gesagt hat. Wie die erste Sünde, das erste „Nein" eines Menschen, Konsequenzen für alle Nachkommen hatte, so auch umgekehrt das totale Gegenteil der Sünde, das vollkommene, von keiner Gespaltenheit gezeichnete Ja-Wort Marias. Wie unsere Eltern und Paten bei unserer Taufe stellvertretend für uns „Ja" gesagt haben, so ähnlich Maria in der Stunde der Verkündigung, in der Stunde ihrer großen Lebensentscheidung. Sie steht wie eine Patin an der Wiege unserer eigenen Erlösung. Sie ist das Tor für alle Menschen zum Erlöser, seit sie für den Erlöser das Tor zu uns Sündern wurde. Sie ist nicht nur Mutter des Erlösers, sondern auch Mutter aller Erlösten. Sie ist nicht nur „Mutter Gottes", sondern auch „Urbild der Kirche".

Dennoch: Ist Maria nicht eine Privilegierte, eine im Unterschied zu uns Bevorzugte?

Einmal abgesehen davon, dass nur ein Mensch unter allen Menschen Mutter Jesu Christi werden konnte, gilt ganz allgemein: Jeder

Mensch hat nicht nur eine Berufung, sondern jeder *ist* eine Berufung, eine unersetzliche und deshalb einmalige Sendung. Was die Tradition mit dem abgegriffenen Begriff „Gnade" bezeichnet, ist immer etwas ganz und gar Einmaliges, weil einem unwiederholbar konkreten Menschen Geschenktes. Zudem ist Gnade immer auch Zumutung, Anruf, Herausforderung. Denken wir an Marias Glauben an den Sohn, der in einem Stall zur Welt kommt; denken wir an ihre Suche nach dem unverstandenen Sohn, an ihren Glauben an den angefeindeten, verfolgten, ausgestoßenen und gekreuzigten Sohn.

An Maria wird geradezu exemplarisch deutlich, was für den Bundesgedanken ganz allgemein gilt: Man kann den Bund des Herrn, die „Gnade", nicht annehmen für sich selbst, sondern nur für die Anderen.

Die Ursünde ist die Verweigerung der je einmaligen Berufung, des je einmaligen Für-Seins. Die Sünde Adams besteht nicht in der Übertretung dieses oder jenes Gebotes, sondern darin, dass er das, was er für alle seine Nachkommen sein sollte, verweigert hat. Er hat uns nicht eine Sünde vererbt, sondern das, was er uns „vererben" bzw. geben sollte, nämlich sein einmaliges Für-Sein, verweigert. So wurde er zu der Stelle, an der die Sünde Einzug halten konnte in diese Welt. Umgekehrt Maria, von der die Kirche sagt, sie sei ohne Sünde.

Wir selbst sind nicht ohne Sünde. Aber wir können die Sünde besiegen, wenn wir das Ja-Wort Marias nachsprechen – gebrochen vielleicht, aber täglich neu und täglich ein wenig klarer.

Deshalb schlage ich Ihnen für den Rest der Adventszeit ein Experiment mit sich selber vor. Versuchen Sie einmal überall da, wo Sie auf etwas oder jemanden warten – z. B. beim Warten an einer roten Ampel oder beim Warten vor der Kasse des Supermarktes oder beim Warten auf einen Anruf – ein bestimmtes, ganz kurzes Gebet zu sprechen oder, besser noch, mehrmals zu wiederholen, nämlich das Gebet mit den drei Worten: „Herr, ändere mich!"

Es sollte uns nachdenklich machen, dass das erste Wort der Jesuspredigt im Evangelium heißt: „Ändert euch!" (Mk 1,15).

Wenn wir anfangen, das Wort „Herr, ändere mich!" an Marias Ja-Wort zu orientieren, dann werden wir unweigerlich feststellen, dass solches Beten praktische Konsequenzen fordert. Da kennt einer seine

Ungeduld – und er betet, bevor die Dämme seiner Selbstbeherrschung brechen: „Herr, ändere mich!" Da kennt einer seinen Ehrgeiz und Neid – und er betet im Blick auf die lieben Kollegen: „Herr, ändere mich!" Da kennt einer seine Eitelkeit – und er betet vor jedem Spiegel: „Herr, ändere mich!"

Wenn einer die Bitte um Veränderung beherzigt, wird er sich im Laufe eines Tages genau da ertappen, wo der Änderungsbedarf am größten ist.

In der Bibel gibt es viele Bildworte, die Gottes veränderndes Wirken an uns beschreiben. Da ist das Bild von dem Schmelzofen, in dem das Edelmetall geläutert wird; da ist das Bild von der Kelter, durch die die Traube in den Wein verwandelt werden muss; und da ist das Bild vom Weizenkorn, das durch sein „Sterben" hindurch zur Ähre und schließlich zu Brot wird.

Der, zu dem wir beten, ist kein Magier oder Verwandlungskünstler, sondern der Gott des Bundes, der nichts ohne unser Ja-Wort tut. Wer sich seiner verwandelnden Macht aussetzt, muss zuerst mit Maria „Ja" sagen. Deshalb steckt in dem Gebet „Herr, ändere mich!" das marianische Einverständnis. Gewiss, unser Ja-Sagen ist im Unterschied zu dem Marias der ständigen Versuchung zur Verweigerung ausgesetzt. Deshalb kommen wir mit dem Beten um Veränderung nie an ein Ende. Aber wer sich mit dem Wort „Herr, ändere mich!" in die Kelter Gottes stellt, darf auch erleben, was die Bibel den Sieg über den alten Adam oder die wahre Freude nennt.

Fürbitten

Herr Jesus Christus, Du hast uns Deine Mutter Maria als Urbild der Kirche und Vorbild des Glaubens geschenkt. Im Blick auf sie bitten wir Dich:

- Um ein Wiedererstarken der Ehrfurcht in unserer Gesellschaft: der Ehrfurcht vor der Würde jedes einzelnen Menschen, besonders vor der Würde der Frau und vor der Unverfügbarkeit des ungeborenen Lebens. – Christus, höre uns!

- Für die jungen Menschen in unserer Gemeinde, die sich auf die Ehe vorbereiten: dass sie einander mit Deinen Augen sehen lernen. – Christus, höre uns!

- Für die jungen Männer unseres Bistums, die sich auf die Priesterweihe vorbereiten: dass sie loslassen, was sie von Dir trennt. – Christus, höre uns!

- Für die Paare, die ein Kind erwarten: dass sie vorbehaltlos Ja sagen zu dem Menschen, der ihnen anvertraut ist. – Christus, höre uns!

- Für alle Eltern: dass sie einhalten, was sie in der Tauffeier ihrer Kinder versprochen haben; besonders für die Eltern, deren Kinder ganz andere als die erhofften Wege gehen: dass sie ein Zeichen Deiner Treue werden. – Christus, höre uns!

- Für alle, mit denen wir das Weihnachtsfest feiern werden, besonders für die, mit denen uns das Zusammenleben schwer fällt, um die Kraft zur Versöhnung, und dafür, dass es Platz gibt in unserer Mitte für Menschen, die anders sind als wir selbst. – Christus, höre uns!

Denn, Herr, wir wollen mit Maria „Ja!" sagen zu Deinem Kommen. Räume deshalb aus unseren Herzen, was uns von Dir trennt, und gib uns, was uns zu Dir führt. So bitten wir Dich, der Du mit dem Vater in der Einheit des Heiligen Geistes lebst und herrschest als Gott von Ewigkeit zu Ewigkeit. Amen.

„Der Name der Jungfrau war Maria" (Lk 1,27b)

Predigt am vierten Adventssonntag

Schon im ersten Buch der Bibel – im Buch *Genesis* – und erst recht im letzten Buch der Bibel – in der *Geheimen Offenbarung* – ist eines ganz klar: Gott will die Erlösung der *ganzen* Welt.

Aber wie bewerkstelligt er dieses Ziel?

Eine erste Antwort liegt in der generellen Feststellung, dass der biblisch bezeugte Gott niemals in der Welt handelt ohne die Bindung seines Handelns an seine Geschöpfe. Der biblisch bezeugte Gott ist der Bundesgott, d.h. der Gott, der sich bindet.

Und eine zweite (präzisere) Antwort liegt in der Beobachtung, dass das Phänomen des Bundes mit dem Phänomen der Erwählung verknüpft ist. Anders gesagt: Der biblisch bezeugte Gott beginnt mit der Veränderung der Welt immer konkret. Er beginnt mit einem Einzelnen bzw. an einer bestimmten, raumzeitlich definierbaren Stelle.

Das bekannteste Beispiel ist Abraham. Da heißt es in Gen 12,1–3: „Der Herr sprach zu Abraham: ‚Zieh weg aus deinem Land, aus deiner Verwandtschaft und aus deinem Vaterhaus – hinein in das Land, das ich dir zeigen werde. Ich will dich, Abraham, zu einem großen Volk machen, ich will dich segnen und deinen Namen groß machen. In dir sollen sich Segen zusprechen alle Geschlechter der Erde'." – Aus dem Aufbruch eines einzelnen Menschen soll eine Veränderung von universalem Ausmaß erwachsen. Gott zwingt Abraham nicht, sondern er wirbt um seine Zustimmung. Gott handelt nicht ohne Abraham, sondern ganz ausdrücklich mit ihm und durch ihn. Und wie gesagt, Gott fängt ganz klein an. Er setzt keine Massen in Bewegung; er hat für die Veränderung der ganzen Welt niemanden außer diesen Abraham.

Gott überfordert Abraham nicht. Er fordert nichts Unmögliches. Äußerlich betrachtet zieht dieser Aramäer von Zeltplatz zu Zeltplatz, plagt sich mit den Problemen, mit denen alle Nomaden zu kämpfen haben. Und doch verbirgt sich hinter der Fassade des Gewöhnlichen etwas ganz Außergewöhnliches. Denn hier beginnt ein Mensch, sein ganzes Leben mit all seinen kleinen Sorgen und Nöten aus dem Hören auf Gott zu gestalten. Etwas abstrakter ausgedrückt: Die Geschichte Abrahams bedeutet, dass an einer Stelle der Welt der Glaube an den biblisch bezeugten Gott die Welt konkret verändert. Und wenn es in Gen 12,1–3 heißt, Abraham werde ein Segen sein, dann heißt das: Abraham und das Neue, das Gott mit ihm in der Welt beginnen lässt, wird denen, die mit Abraham in Berührung kommen, zum Heil gereichen. Auf diese Weise wird Abraham zum Stammvater des Volkes, das Gott erwählt hat – nicht um es abzugrenzen gegen die anderen Völker, sondern damit die anderen in diesem einen Volk erkennen, was eine aus dem Willen Gottes lebende Gemeinschaft ist.

Es geht um das Ganze. Aber damit das Ganze erreicht wird, beginnt Gott bei einem einzelnen Menschen an einem bestimmten Ort, bei dem Menschen Abraham, der zum Stammvater des auserwählten Volkes Israel wird. So wird der Text Gen 18,17–19 verständlich. Da sagt Gott: „Abraham soll zu einem großen und mächtigen Volk werden; in ihm sollen sich Segen zusprechen alle Völker der Erde. Ich habe ihn nämlich dazu erwählt, dass er seinen Söhnen und seinem Haus, das nach ihm kommt, aufträgt, den Weg des Herrn einzuhalten und Gerechtigkeit und Recht zu üben."

Von seiner Bedeutung her mit Abraham vergleichbar ist Mose. Auch er ist ein Einzelner, der nicht um seiner selbst willen erwählt wird, sondern für die Anderen. Beim Exodus aus der Sklaverei Ägyptens geht es aber nicht um die Befreiung des Einzelnen. Vielmehr wird Mose erwählt, damit ein Volk – und mag es in den Augen der Mächtigen noch so gering und klein erscheinen – zu einem Ort der konkreten Darstellung des Willens Gottes wird, nicht um seiner selbst willen, sondern für die anderen Völker. Der Exeget Gerhard Lohfink spricht von der Gründung einer „Alternativgesellschaft". In gewisser Weise – so schreibt er[10] – darf man sagen, dass diese Alternativgesellschaft am Gottesberg Sinai mit der Übergabe der Tora in Gestalt der beiden steinernen Tafeln mit den zehn Geboten erfolgt. Und die frühe Kirche hat dieses Ziel des von Mose angeführten Exodus von Anfang an begriffen. Die Nacht, in der sie sich der Errettung Israels aus Ägypten erinnert, fällt für sie zusammen mit der Nacht der Errettung Jesu aus der Gewalt des Todes. Und diese Nacht zielt ebenso wenig wie der Exodus aus Ägypten auf die private Seligkeit des Einzelnen, sondern auf die Auferstehung des Gottesvolkes aus Sünde und Tod. Nicht zufällig werden in der Osternacht durch die Taufe die neuen Glieder des Gottesvolkes geboren, und die schon Getauften erinnern sich, was bei der eigenen Taufe geschehen ist: Sie wurden der alten Gesellschaft entrissen und hinübergerettet in eine neue Möglichkeit von Leben, in eine neue Gesellschaft, die für die Welt Licht und Salz der Erde sein soll.

Erinnerung ist in Israel viel mehr als das Aufblättern eines Geschichtsbuches oder die Beschwörung der eigenen Identität. Erinnerung ist in Israel – und dann auch innerhalb des Christentums – die je einmalige Übersetzung der Taten des Bundesgottes in das eigene Handeln, Planen, Denken und Leiden.

Für viele unvergessen ist die Bundestagsrede des ersten israelischen Präsidenten, der die Bundesrepublik Deutschland besucht hat. Ich zitiere aus der Rede von Ezer Weizmann vom 16. Januar 1996 in Bonn:

„Jeder einzelne Jude in jeder Generation muss sich selbst so verstehen, als ob er dort gewesen wäre – dort bei den Generationen, den Stätten und den Ereignissen, die lange vor seiner Zeit liegen … Die Erinnerung verkürzt die Distanzen. Zweihundert Generationen sind seit den historischen Anfängen meines Volkes vergangen, und sie erscheinen mir wie wenige Tage. Erst zweihundert Generationen sind vergangen, seit ein Mensch namens Abraham aufstand, um sein Land und seine Heimat zu verlassen und in ein Land zu ziehen, das heute mein Land ist … Erst hundertundfünfzig Generationen sind vergangen von der Feuersäule des Auszugs aus Ägypten bis zu den Rauchsäulen der Shoah. Und ich, geboren aus den Nachkommen Abrahams im Lande Abraham, war überall mit dabei. Ich war ein Sklave in Ägypten und empfing die Thora am Berge Sinai, und zusammen mit Josua und Elijah überschritt ich den Jordan. Mit König David zog ich in Jerusalem ein, und mit Zedekiah wurde ich von dort ins Exil geführt. Ich habe Jerusalem an den Wassern zu Babel nicht vergessen, und als der Herr Zion heimführte, war ich unter den Träumenden, die Jerusalems Mauern errichteten. Ich habe gegen die Römer gekämpft und bin aus Spanien vertrieben worden, ich wurde auf den Scheiterhaufen in Magonza, in Mainz, geschleppt und habe Thora im Jemen studiert. Ich habe meine Familie in Kishinev verloren und bin in Treblinka verbrannt worden … Wir sind ein Volk der Erinnerung und des Gebetes. Wir sind ein Volk der Worte und der Hoffnung. Wir haben keine Reiche geschaffen, keine Schlösser und Paläste gebaut. Nur Worte haben wir aneinander gefügt. Wir haben Schichten von Ideen aufeinander gelegt, Häuser der Erinnerungen errichtet und Türme der Sehnsucht geträumt – möge Jerusalem wieder erbaut werden, möge Frieden schnell zu unseren Zeiten gestiftet und bereitet werden. Amen."[11]

Wenn man diese Art des Sicherinnerns, wenn man die Erinnerung Israels mit der anderer Völker vergleicht, wird der Unterschied unmittelbar einsichtig. Die alten Ägypter zum Beispiel erzählten sich zwar ebenso wie Israel Geschichten über den eigenen Ursprung. Aber sie taten dies nicht, um sich von dem einstigen Geschehen kritisch befragen und zu entsprechendem Handeln bewegen zu lassen, sondern um sich in einer Art Vergegenwärtigung ihrer Mythen der eigenen Identität zu versichern.

Der ganze Unterschied wird klar, wenn wir mit den biblischen Texten des vierten Adventssonntages auf eine dritte Person der Geschichte Israels blicken, die von Gott in noch ausgezeichneterer Weise erwählt wurde als Abraham und Mose. Denn sie ist nach biblischem Zeugnis jene bestimmte Stelle in Zeit und Raum, in die Gott selbst sich inkarniert hat: Ich meine Maria, deren Ja-Wort identisch ist mit der bedingungslosen Befolgung der Tora (des Willens Gottes).

In Maria nimmt die Geschichte Israels noch einmal eine so von niemandem erwartete, alles umstürzende Wendung. Das Umstürzende besteht allerdings nicht darin, dass die Jüdin Maria sich von der Geschichte Israels distanziert, sondern umgekehrt darin, dass sie die Geschichte Israels so in ihr Leben, Leiden, Denken und Sterben übersetzt, dass sie zum Urbild Israels und der Kirche, zur vollkommenen Darstellung des Bundes, ja zu dem Ort wird, in dem Gott selbst – im buchstäblichen Sinn dieses Wortes – „ankommt".

Wir würden völlig verkennen, was in der Bibel „Erwählung" und was in der Heiligen Schrift „Erinnerung" heißt, wenn wir Maria wie eine Statue auf ein Podest heben und als die im Unterschied zu uns Ausgezeichnete und Privilegierte von uns distanzieren würden. Denn erwählt wird von dem Gott Israels niemand für sich selbst oder zu seiner persönlichen Auszeichnung, sondern immer nur im Blick auf das Ganze. Das gilt nicht nur von Abraham und Mose und Johannes dem Täufer, sondern auch und besonders von Maria. Wenn wir am vierten Adventssonntag ihr Ja-Wort erinnern, dann nicht, um uns von ihr zu unterscheiden, sondern im Gegenteil um ihr Ja-Wort in unsere – zugegeben – von der Sünde vielfach gebrochene eigene Existenz zu übersetzen.

Wo jemand – zum Beispiel! – Enttäuschungen annimmt ohne Bitterkeit, da geschieht Bejahung, da beginnt einer in der Nachfolge des marianischen Ja-Wortes zu leben. Wo jemand es wagt, Schuld einzugestehen, nichts zu beschönigen und den dornigen Weg der Umkehr zu beginnen, oder wo einer ihm zugefügtes Unrecht verzeiht, da geschieht Bejahung. Wo jemand das Antlitz Jesu Christi im Antlitz seines Nächsten sucht, z. B. in einem von Angst, Einsamkeit oder Schuld entstellten Antlitz, da geschieht Bejahung, da lebt einer marianisch. Wenn einer an einem offenen Grab; oder dann, wenn die eigenen Kinder versagen, wenn sie ganz andere als die erhofften Wege gehen; oder dann, wenn eine Krankheit alle schönen Pläne zunichte macht – wenn einer dort in aller Anfechtung ein glaubender, hoffender und liebender Mensch bleibt, dann steht er an der Seite Marias.

Gewiss: Im Unterschied zu Maria sind wir selbst von der Sünde gezeichnet. Aber wenn wir das Ja-Wort Marias wenigstens nachzusprechen versuchen, wenn wir mehr „Ja" als „Nein" sagen, mehr glauben als zweifeln, mehr hoffen als resignieren; wenn wir uns wenigstens immer wieder danach sehnen, dass unsere Halbheit der Ganzheit, unsere Trägheit der Begeisterung und unsere Traurigkeit der Freude weicht, dann sind wir wie Maria adventliche Menschen; dann werden wir an uns selbst erfahren, dass Blinde sehend, Lahme gehend, Aussätzige rein und Tote lebendig werden (vgl. Jes 35,5f).

Fürbitten

Herr Jesus Christus, Du hast Maria erwählt, um Dich uns allen zu schenken. Wir bitten Dich:

Für Dein Volk Israel:
Für die Menschen jüdischen Glaubens, die in der Treue zur Tora Maria ähnlich sind: dass sich an ihnen selbst die Sehnsucht nach einem sichtbaren Ort der Herrlichkeit Gottes erfüllen möge. – Christus, höre uns!

Für die Kirche:
Lass die, die sich Christen nennen, ein Zeichen der Hoffnung werden; führe zurück, die sich Dir entfremdet haben; werde Du die Mitte unseres Denkens und Tuns, unseres Redens und Schweigens. – Christus, höre uns!

Für alle, die „Ja" sagen zum Leben:
Für die Eheleute, die den Mut zum Kind haben; für alle, die im Antlitz des Nächsten Dein Antlitz suchen; und für die Menschen, die ihren benachteiligten, behinderten, kranken und alten Mitmenschen ein Geschenk der Liebe sind. – Christus höre uns!

Für Menschen ohne Hoffnung:
Für Familien, in denen Entfremdung und Kälte herrschen; für Menschen, die ihre Pläne und Hoffnungen begraben müssen; für arbeitslose Jugendliche; und besonders für alle, die an ihrer Schuld verzweifeln, weil sie an Deine verzeihende Liebe nicht glauben. – Christus höre uns!

Für die Sterbenden:

Für die Menschen, die vor der Diagnose einer unheilbaren Krankheit stehen; für alle, die wissen, dass sie bald sterben müssen; und besonders für die, die sterben ohne Hoffnung auf ein Leben nach dem Tod. – Christus, höre uns!

Herr Jesus Christus, Du traust jedem von uns das Ja-Wort zu. Du kannst unsere Grenzen weit machen, unsere Wunden verklären und uns den neuen Anfang schenken. Sende uns den Geist, der uns mit Dir und miteinander verbindet und in dessen Einheit Du selber mit dem Vater lebst und herrschest als Gott von Ewigkeit zu Ewigkeit. Amen.

„Das Volk, das im Dunkel lebt, sieht ein helles Licht" (Jes 9,1)

Predigt in der Heiligen Nacht

Das Licht der Kerzen, der reflektierende Glanz der Weihnachtsbäume, die Lichtfeier der Christmette, die Jubelrufe der Orationen, Lesungen und Gesänge, die ganze weihnachtliche Liturgie mit all ihren Bildern, Bezügen, Symbolen und Aussagen will nur eines sein: Ruf zur Freude.

„Seht, ich verkünde Euch eine große Freude, die allen Menschen zuteil werden soll; Euch ist in der Stadt Davids der Heiland geboren, der Messias, der Herr" (Lk 2,10f).

Da ist die Rede von einem Licht, das alle Dunkelheit vertreibt, von einem Stern, der die Nacht erhellt. Gemeint ist diese Nacht. Sie gelten dieser Nacht, die in ihrer Tiefe alles unterfassenden Trostworte des Propheten Jesaja: „Brecht in Jubel aus, jauchzt alle zusammen, ihr Trümmer Jerusalems! Denn der Herr tröstet sein Volk, er erlöst Jerusalem" (Jes 52,9). Denn: „Ein Kind ist uns geboren, ein Sohn ist uns geschenkt. Die Herrschaft liegt auf seiner Schulter; man nennt ihn: wunderbarer Ratgeber, starker Gott, Vater in Ewigkeit, Fürst des Friedens" (Jes 9,5).

Aber: Diese Frage sollten wir uns in all unserer Weihnachtsstimmung (wenn wir sie denn haben) nicht ersparen: Kann man das eigentlich – mit solch pathetischen Worten zur Freude aufrufen? Einer ganzen Gemeinde, ja, allen Menschen dieser Welt zurufen, sie sollten sich freuen? Gibt es sie nicht auch inmitten dieser Nacht, inmitten dieser Feiertage, in

64

dieser Stadt, vielleicht in dieser Straße, vielleicht in unserer unmittelbaren Nachbarschaft: Menschen, in denen es dunkel, sehr dunkel ist; Menschen an ihr Bett gefesselt; Menschen, die jung sind und doch so krank, dass sie sterben müssen; psychische Krüppel; Menschen ohne Zuhause; die Opfer der eigenen Schwäche und Leidenschaft; von Einsamkeit verstümmelte, getretene und ausgegrenzte Menschen? Gibt es sie nicht auch in dieser Nacht: Gesichter der Hoffnungslosigkeit, des Unglaubens, der Lieblosigkeit? Gibt es sie nicht gerade auch an Weihnachten: die verbitterten Gesichter verführter Unschuld, versagenden Alters und verhärteten Stolzes; die ausgebrannten Augen verzehrender Sorge, verängstigter Scham, zerstörender Enttäuschung und siechender Verzweiflung?

Vielleicht ist mitten unter uns einer, der ein, zwei oder auch drei Jahre lang gegen die Krebskrankheit seiner vielleicht nur dreißigjährigen Frau oder seines vielleicht nur zwanzigjährigen Sohnes gehofft hat. Vielleicht sind auch solche unter uns, die ohnmächtig zuschauen, wie ihre Ehe immer mehr zerbricht; Menschen, denen Treue mit Untreue und Ehrlichkeit mit Lüge vergolten wird. Vielleicht sind auch Einzelne unter uns, die etwas erfahren haben von dem Siechtum und der Verzweiflung, von der Ausweglosigkeit und Einsamkeit derer, die unsere psychiatrischen Kliniken, unsere Entziehungs- und Fürsorgeheime und unsere Gefängnisse füllen.

Ich zitiere aus dem Brief einer Frau, die – mir seit zwanzig Jahren bekannt – jetzt vor Weihnachten in einem Brief schrieb: „Beim Frühstück hat mir mein Mann mitgeteilt, dass er eine andere liebt. Kein Vorzeichen, keine Ankündigung, nichts; mit einer Kühle, die mich erstarren ließ. Ich kann seitdem nicht mehr glauben; ich bringe kein einziges Gebet mehr über die Lippen; in mir ist alles wie tot. Jetzt sitze ich hier im Krankenhaus und werde in zwei Tagen entlassen. Mir graut vor der Rückkehr nach Hause. So viele Jahre waren wir verheiratet. Und jetzt diese furchtbare Leere. Ich weiß nicht mehr weiter."

„Das Volk, das im Dunkel lebt, sieht ein helles Licht; über denen, die im Land der Finsternis wohnen, strahlt ein Licht auf" (Jes 9,1). – Mit diesen Worten beginnt die erste Lesung dieses Gottesdienstes. Und mit der großartigen Verheißung „Licht leuchtet in die Finsternis" (Joh 1,5) beschreibt der Evangelist Johannes die Menschwerdung Gottes. Beide – Jesaja und Johannes – meinen mit der Finsternis nicht nur die dunklen Wintermonate und auch nicht die Menschen, für die wir in den Kollekten „Adveniat" und „Misereor" sammeln. Die Menschen, die in äußerem Dunkel leben, können innerlich sehr hell sein. Nein, Jesaja und Johannes meinen die Finsternis des Herzens.

Licht leuchtet in diese Finsternis." – Leider glauben die meisten nicht wirklich daran; sonst wäre die Kirche morgen und am nächsten Sonntag und in sechs Wochen immer noch so voll wie in dieser Nacht. Die meisten halten Weihnachten für einen schöne Illusion, der sie sich einen Gottesdienst lang hingeben. Weihnachten ist für sie ein Traum, ein bisschen Romantik, eine Illusion, die der Wirklichkeit nicht standhält – und ganz gewiss eines nicht: das Licht, das die Finsternis besiegt.

Alle, die das ausdrücklich oder stillschweigend meinen, sollten sich bewusst machen, wen wir da heute Abend feiern: eben nicht den, der große Worte an die Stelle von Taten gesetzt hat; nicht einen, der sich heraushält oder jenseits von Dunkelheit und Kälte und Angst und Nicht-mehr-weiter-Wissen thront. Ich weiß, das ist modern: Gott, wenn es ihn denn gibt, für irgendein transzendentes Numinosum zu halten, auf das sich jeder auf seine Weise bezieht: der eine durch Yoga oder transzendentale Meditation, der andere durch esoterische Praktiken oder synkretistische Methoden der Kontingenzbewältigung.

Nein, der Gott, den diese Nacht besingt, ist ein konkreter Mensch geworden, hat Hand und Fuß bekommen – mitten unter uns, mitten in dieser Welt, im Dunkel und in der Kälte eines Viehstalls.

Fragen Sie sich doch einmal – wenigstens in dieser Nacht –, was das heißt: Gott ist wirklich – nicht nur scheinbar, nicht nur äußerlich – Mensch geworden! Fragen Sie sich doch einmal: Warum hat der Gott, den wir den Ursprung eines unermesslichen Kosmos nennen, sich nicht selbst genügt? Warum hat er ein Universum geschaffen, das erst nach fünfzehn Milliarden Jahren den Menschen hervorbringt? Warum hat er überhaupt etwas geschaffen? Und warum wird der Gott, der das Universum schuf, zu einem bestimmten Zeitpunkt ausgerechnet auf unserem Planeten in einem kleinen Dörfchen in Palästina ein ganz konkreter einzelner Mensch? Einer, der dreißig Jahre Tischler in Nazaret war und drei Jahre vor seinem Tod behauptete: „Ich bin der Weg und die Wahrheit und das Leben" (Joh 14,6)?

Er steigt hinunter zum Jordan, wo Johannes, der Wüstenprediger, tauft. Dort ist der tiefste Punkt der Erdoberfläche, ungefähr dreihundert Meter unter dem Meeresspiegel. Tiefpunkt aber auch in einem anderen Sinn: Die Leute, die da aus der Umgebung, besonders aus dem nahe gelegenen Jerusalem, hinuntersteigen, lassen sich untertauchen, machen sich klein, bekennen sich als Sünder. Und in ihre Reihe reiht sich der Sündelose ein, lässt sich untertauchen wie die anderen – in die tiefste Furche dieser Erde.

Zeitweilig ist er berühmt. Die Menschen laufen ihm nach. Seine Jünger machen sich Hoffnung auf wichtige Posten. Aber Kompromisse schließt er nicht. Er sagt die Wahrheit auch dann, wenn sie unbequem wird. Und einer nach dem anderen schleicht sich davon. Der Weg nach Golgota beginnt.

Und auf dem Weg dahin immer wieder der, der ganz anders ist. Da gibt es in Jericho einen Zollbeamten, klein von Gestalt, gehasst, weil er die Leute betrügt; verachtet, weil er so klein ist. Und ausgerechnet der möchte Jesus sehen. Er klettert auf einen Baum, weil er so klein ist und weil die Leute ihn vertreiben. Und prompt sieht Jesus ihn, ausgerechnet ihn. „Komm", sagt er, „steig herab. Wenn du etwas von mir sehen willst, musst du herab- und nicht hinaufsteigen!"

Das ist eine Lektion, die schwer zu lernen ist – auch für Petrus. In der Nacht vor seiner Verhaftung führt ihm Jesus vor Augen, dass sein Herr und Meister nicht hinaufsteigt, sondern herab; dass sein Herr und Meister sich kniet und einen Sklavendienst verrichtet. Petrus schämt sich, einen solchen Herrn und Meister zu haben. Doch Jesus schämt sich nicht, als er tiefer noch als ein Schuhputzer herabsteigt und seinen Schülern – schließlich auch Petrus – die Füße wäscht.

Und dann: „Nehmt hin und esst; das bin ich selbst!" – Da geraten wir an die erschütterndste Offenbarung unseres herabsteigenden Gottes. Da verschenkt er sich selbst. Und kurz darauf hängt er zwischen Himmel und Erde, angenagelt. Und es wird makaber. Denn da wird er doppelsinnigerweise aufgefordert, herabzusteigen – Er, der ein Leben lang herabgestiegen ist! Aber er ist so tief herabgestiegen, dass er nicht mehr herunter kann von dem Kreuz, an das der Hass ihn geheftet hat. Da er die Seinen liebte, liebte er sie bis zur Vollendung, bis zu dieser Konsequenz. Die Freiheit, die er seinem Geschöpf geschenkt hat, nagelt ihn fest. Und er bestätigt diese Freiheit, weil er sie nicht aufhebt, sondern erträgt. Derselbe Gott, der das Universum schuf, so weit heruntergekommen – im wahrsten Sinne dieses Wortes. Das ist der Abgrund, in den er hinein schreit und hinein stirbt. „Abgestiegen" nicht nur in das Dunkel und die Kälte des Viehstalls vor den Toren Betlehems, nein, noch viel tiefer, „abgestiegen bis in die unterste Hölle" – sagen wir in dem „Großen Glaubensbekenntnis", das wir gleich im Anschluss an diese Predigt als sich ihrer selbst bewusste Christinnen und Christen sprechen sollten.

Warum hat der Gott, den wir in unserem Credo als allmächtig bezeichnen, nicht gleichsam mit einer Handbewegung die Finsternis dieser Welt besiegt. Warum dieses ganze Drama von Betlehem bis Golgota?

Die Frage beantwortet uns das Kind in der Krippe ebenso wie der Angenagelte am Kreuz: Gott kann nichts ohne uns tun, weil er nichts ohne uns tun will; weil er sich an uns, an unsere Freiheit, an unser Herz, an unser Glauben und Lieben, gebunden hat. Das ist das Schlüsselwort der ganzen Heilsgeschichte: das Wort „Bund" – Gott bindet sich.

Wenn wir von Gottes Allmacht sprechen, dann müssen wir auf das wehrlose Kind in der Krippe und auf den Angenagelten am Kreuz blicken. Der Gott, an den wir glauben, setzt sich mit keinen anderen Mitteln durch als mit den Mitteln der wehrlosen Liebe. Gott ist nicht anders allmächtig als Jesus Christus. Er ist allmächtig, weil die wehrlose Liebe – obwohl vordergründig betrachtet ohnmächtig – letztlich doch stärker ist als Hass und Gewalt, als Bosheit und Kreuz und stärker auch als der Tod.

Eigentlich soll ein Prediger nicht über sich selber sprechen. Aber manchmal ist Selbsterlebtes aussagekräftiger als die abstrakte Sprache der Theologie. Deshalb möchte ich Ihnen aus dem eigenen Erleben verdeutlichen, warum ich selber daran glaube, dass der Gott, den wir in dieser Nacht als wehrloses Kind feiern, für mich im wörtlichen Sinn das Licht ist, das die Finsternis besiegt.

Ich denke an einen jungen Mann, den ich selbst zehn Monate lang zweimal wöchentlich in einer Klinik besucht habe. Ich kannte ihn aus der Jugendarbeit. Er war ein ausgezeichneter Gruppenleiter, hochbegabt und zudem noch sportlich. Er hatte gerade sein Abitur mit Auszeichnung bestanden und wollte Physik studieren, als ihn die Diagnose einer unheilbaren Krankheit traf. Er hat dieses Urteil zunächst nicht mit dem „lieben Gott" in Einklang bringen können. Er hat nicht einmal fragen können: „Warum?" Er hat die bloße Tatsache, dass ich Priester bin, bei meinem ersten Besuch in der Klinik nicht ertragen und mich regelrecht aus dem Zimmer gewiesen. Natürlich hatte ich nicht über den Sinn und über Gott gesprochen. Aber auch das Schweigen war unerträglich für ihn. Und es hat Monate gedauert, bis ich ihm – wortlos – ein kleines Kreuz auf den Nachttisch zu legen wagte. In den letzten Tagen – er war bei vollem Bewusstsein – hat er dieses Kreuz nicht mehr losgelassen; und so ist er gestorben. Und ich glaube mich nicht zu täuschen, wenn ich bezeuge, dass er nicht erst nach seinem Tod im so genannten „Jenseits", sondern durch, mit und in Jesus Christus schon hier und jetzt – anfanghaft wenigstens! – die Sinnlosigkeit seiner Krankheit von innen heraus besiegt (in Sinn verwandelt) hat.

Glauben Sie mir, das ist kein leeres Versprechen: Wer Christus in sein Leben hineinlässt, der wird erfahren, *warum* das wahr ist, was Johannes verspricht: *Er ist das Licht, das die Finsternis hell macht.*

Es gibt eine Freude, die in Augen steht, die geweint haben; eine Freude, die das Dunkel nicht verdrängt, sondern besiegt; eine Freude, die aus tiefster Geborgenheit kommt; eine Freude, die so stark ist, dass sie nie mehr der Verzweiflung weicht. Diese Freude meint das Evangelium der Weihnacht mit dem Ruf: „Seht, ich verkünde euch eine große Freude, die allen Menschen zuteil werden soll" – allen und besonders denen, in denen es dunkel ist.

Meine Bitte an Sie: Lassen Sie sich abholen von dem Gott, der herabgestiegen ist auch zu Ihnen. Und wenn Sie heute seit langem erstmals wieder hier sind, dann gehören Sie doch diesmal nicht zu den Träumern, von denen Johannes sagt: „Licht kam in ihre Finsternis; aber sie haben das Licht nicht begriffen" (Joh 1,5). Begreifen Sie es und lassen Sie sich ergreifen von einem Gott, der Sie sucht, der mit Ihnen neu anfängt, der mit Ihnen wieder aufsteht, wenn Sie gefallen sind.

Ein wirkliches Fest – und das Weihnachtsfest ist ein solches – besteht gewiss nicht nur aus Gottesdiensten. Es gehört dazu auch das gesellige Zusammensein, Speise, Trank, Aufmerksamkeiten, Geschenke, vielleicht sogar etwas Flitter und Romantik. Nichts sollte ausgelöscht werden, was dieses Fest mit Wärme und Licht erfüllt. Nur eines sollten wir bei allem, was wir mit Weihnachten verbinden, nicht vergessen: die Mitte und den Ursprung unserer Freude; die Freude, die auch nach den Feiertagen bleibt, weil sie dem ganzen Leben Sinn verleiht; die Freude, die realistisch ist, weil sie weiß: Ja, es gibt viel Dunkelheit, aber mit Christus auch Licht inmitten von Dunkelheit. Ja, es gibt viel Schuld, aber durch Christus auch Vergebung. Ja, es gibt viel Trauer, aber mit Christus auch die Hoffnung. Ja, es gibt viel, unendlich viel grauen Alltag, aber mit Christus auch die Freude des Durchhaltens und der selbstverständlichen Treue.

Freude, die alles Dunkel vertreiben kann; Freude, die bleibt, weil sie dem ganzen Leben Sinn verleiht; Freude, die auch noch in Augen steht, die geweint haben, Weihnachtsfreude wünsche ich Ihnen allen und mir selbst von ganzem Herzen. Amen.

Fürbitten

Herr Jesus Christus, Du sagst Ja zu jedem einzelnen Menschen. Du traust auch dem verlorensten Sünder die Umkehr zu. Du hast uns Menschen in unüberbietbarer Weise geadelt. Wir tragen vor Dich die vielen Gesichter der Hoffnungslosigkeit, des Unglaubens und der Lieblosigkeit, die verbitterten Gesichter verführter Unschuld, versagenden Alters und verhärteten Stolzes, die ausgebrannten Gesichter verzehrender Sorge, verängstigter Scham, zerstörender Enttäuschung und siechender Verzweiflung. Wir tragen alle Deine Brüder und Schwestern vor Dich und bitten Dich:

- um die Menschwerdung der Menschen, denen Macht, Erfolg und Geld wichtiger sind als Menschen. – Christus, höre uns!

- um die Menschwerdung der Menschen, deren Herz verhärtet ist durch Neid und Gier. – Christus, höre uns!

- um die Menschwerdung der Menschen, die andere verführt, gedemütigt oder zum Mittel ihrer Zwecke gemacht haben. – Christus, höre uns!

- um die Menschwerdung aller Menschen, die ihre Treue und ihre Versprechen gebrochen, die Vertrauen, Familien und Freundschaften zerstört haben. – Christus, höre uns!

- um die Menschwerdung aller Menschen, die Leben opfern, um Totes zu besitzen. – Christus, höre uns!

- um die Anerkennung des Menschseins aller Menschen, die schon empfangen, aber noch nicht geboren sind. – Christus, höre uns!

- um die Anerkennung des Menschseins aller Menschen, die geistig oder körperlich behindert sind. – Christus, höre uns!

- um die Anerkennung des Menschseins aller Menschen, deren physisches Leben geprägt ist von den Bildern der Krankheit und des Sterbens, der Sucht und der Depression. – Christus, höre uns!

Herr Jesus Christus, lass uns teilhaben an Deiner Menschwerdung. Öffne, was in uns verschlossen ist. Beuge, was in uns verhärtet ist! Tränke, was in uns verdorrt ist! Verwandle unsere Angst in Hoffnung, unsere Dunkelheit in Licht und unsere Traurigkeit in Freude! Und gib uns ein brennendes Herz, das Dich erwartet und aufnimmt, wenn Du kommst. So bitten wir Dich, der Du mit dem Vater in der Einheit des Heiligen Geistes lebst und herrschest als Gott von Ewigkeit zu Ewigkeit. Amen.

„Und das Wort ist Fleisch geworden" (Joh 1,14a)

Predigt am Weihnachtsfest

So beten wir im 29. Psalm: „Das Wort des Herrn ertönt mit Macht, das Wort des Herrn voll Majestät. Das Wort des Herrn zerbricht die Zedern … Das Wort des Herrn sprüht flammendes Feuer, das Wort des Herrn lässt die Wüste beben … Das Wort des Herrn wirbelt Eichen empor, das Wort des Herrn zerreißt die Wälder."

Diese Zeilen sagen – richtig verstanden – etwas Wahres über Gott. Aber sie sind doch meilenweit entfernt von dem Gott in der Krippe. Natürlich ist der biblisch bezeugte Gott der allmächtige Herr des Himmels und der Erde. Aber an diesem Weihnachtsmorgen heißt es von seinem Wort nicht, dass es zerschmettert und entflammt, sondern dass es Fleisch wird (Joh 1,14a).

Solange wir Gott oder „das Göttliche" als unfassliche Größe jenseits von Raum und Zeit bzw. als das schlechthin Transzendente verstehen, haben wir die Botschaft des Weihnachtsfestes nicht einmal ansatzweise begriffen. Gott, so sagt uns Johannes im Prolog seines Evangeliums, ist nicht *das Eine* und das Kind in der Krippe *das Andere.* Nein, seit dem Ereignis der Geburt dieses Einen und Einzigen aus der Jungfrau Maria dürfen und können wir über Gott nicht heute dies und morgen das sagen, sondern nur noch und ausschließlich das, was wir an dem in Betlehem geborenen und in Jerusalem gekreuzigten Jesus Christus ablesen. Dieser

Jesus ist nicht so etwas wie ein Symbol, ein Zeichen oder eine Maske des unsichtbaren Gottes. Nein, er *ist* die Sichtbarkeit, er *ist* die Offenbarkeit Gottes *selbst* – des einen und einzigen Gottes, den die Religionsgeschichte mit ihren stets unzulänglichen Bildern, Begriffen und Projektionen mindestens ebenso sehr verdeckt wie erschließt.

Der Glaube an die Fleischwerdung Gottes ist unvereinbar mit dem Relativismus derer, die unser Verhältnis zu der mit Gott identischen Wahrheit in das Bild von dem Elefanten kleiden, den mehrere Menschen mit jeweils verbundenen Augen betasten: Wer die Beine betastet, spricht von einer Säule. Wer den Rüssel betastet, von einem Schlauch. Wer den Leib betastet, von einem Teppich, und also haben alle Recht und Unrecht zugleich. Christen dürfen sich von diesem Bild nicht täuschen lassen. Richtig ist: Wir werden mit dem Verstehen der Wahrheit nie fertig. Aber wir sind nicht blind wie die Menschen, die mit verbundenen Augen die Wirklichkeit deuten. Denn die Wahrheit hat ein Gesicht. Sie ist ein für allemal offenbar geworden in dem Antlitz Jesu Christi. Eine Person, ein Antlitz ist so konkret, dass man es sich nicht ausdenken kann; es ist immer ganz anders als alle Vorstellungen, Bilder, Begriffe und Theorien. Die Wahrheit, die Gott ist, begegnet uns nicht als Buch, nicht als Theorie, nicht als Programm oder Idee, sondern als das Antlitz dieses einen von Maria in einem Viehstall vor den Toren Betlehems geborenen Menschen.

Seitdem Gott nicht mehr zu trennen ist von diesem Jesus Christus, seitdem ist es nicht mehr gleichgültig, ob man seine Allmacht mit den Bildern des 29. Psalmes oder mit den Bildern aus dem Leben und Sterben Jesu beschreibt. Seit Weihnachten müssen wir Gottes Allmacht exakt so beschreiben, wie wir die Macht Jesu Christi beschreiben. Es geht nicht an zu sagen: Gott an sich ist allmächtig wie einer, der die Zedern zerschmettert, die Wüste beben lässt und die Welt in Brand setzt. Und Jesus Christus ist ohnmächtig, ist ein wehrloses Kind auf dem Stroh einer Futterkrippe, ist schließlich ein Angenagelter, dem man zuruft: „Steig doch vom Kreuz herab und hilf dir selbst. Aber du kannst ja nicht. Du bist ja angenagelt." Nein, Gott – so wie er an und für sich ist – ist nicht anders allmächtig als dieser Jesus Christus, nicht anders allmächtig als das Kind von Betlehem, nichts anders allmächtig als der Gekreuzigte auf Golgota.

Spätestens seit Weihnachten wissen wir: Der Gott, den wir Christen im Credo bekennen, setzt sich mit keinen anderen Mitteln durch als mit denen der wehrlosen, angenagelten, gekreuzigten Liebe. Wenn wir von Gottes Allmacht sprechen, dann meinen wir nicht das Alleskönnertum eines orientalischen Potentaten, sondern die scheinbar ohnmächtige Liebe des Kindes von Betlehem. Von ihr bekennen wir, dass sie allmächtig ist, stärker als alle außergöttlichen Mächte, stärker sogar als die teuflische Macht der Sünde und des Todes.

Wer das nicht nur mit dem Kopf, sondern mit seiner ganzen Existenz verstanden hat, der hat Weihnachten verstanden.

„Als ich", so hat mir in meinem ersten Kaplansjahr eine junge Mutter geschrieben, „nach der Geburt dieses entsetzlich entstellte Gesichtchen sah, da habe ich geschrien; ich wollte das Kind von mir werfen; ich wollte weglaufen. Aber dann fiel mein Blick auf das Kreuz in meinem Krankenzimmer. Dann habe ich mein Kind genommen, es fest an mich gedrückt und sein Gesichtchen geküsst. Nie wieder bin ich so froh gewesen wie in diesem Augenblick." – Was bedeutet diese Freude anderes, als dass in dieser Frau die Liebe das Kreuz besiegt hat! Das Kreuz der Behinderung ihres Kindes bleibt ihr; aber ihre in tätige Liebe übersetzte Verbindung zu Christus verwandelt Sinnlosigkeit in Sinn.

Enomiya Lassalle – ein Jesuit, der die östlichen Meditationspraktiken mit der christlichen Verkündigung zu verbinden sucht – hat mir vor Jahren von einem Mann erzählt, der vom eigenen beruflichen Ehrgeiz ausgelaugt, sich seines Todes inmitten seines Lebens bewusst wurde. Pater Lassalle riet ihm, täglich mehrmals eine Stunde schweigend dazusitzen. Und es dauerte lange, bis das Verdrängte nach oben kam. Schließlich begann der Mann zu malen, sich in Bildern auszudrücken, die zunächst sehr dunkel, dann immer heller wurden. Zuletzt malte er eine große Blüte in gelb-goldenen Farben.

Psychologisierendes Geschwätz oder Freilegung der Wirklichkeit? Ich bin fest überzeugt, dass wir etwas davon erfahren können, von diesem lebendigen Goldgrund. Er ist nur oft genug verschüttet. Aber von weitem schimmert etwas davon durch. Wir alle kennen doch die Augenblicke, in denen wir ganz tief mit uns selbst eins waren, z. B. wenn wir einem Menschen einfach gut waren – nur so, ohne etwas dafür zu erwarten. Oder dann, wenn wir wirkliche Vergebung erfahren durften. Oder in einer verzweifelten Situation, wenn wir von irgendwoher die Gewissheit in uns spürten, dass doch alles wieder gut werde.

Tiefer in uns als alle Dunkelheit, Verworrenheit, Rätselhaftigkeit und Bosheit, tiefer in uns ist ein Abgrund von Licht. Woher kommt das wohl? Woher kommt es, dass in jedem Menschen der Hunger nach einem Sinn ist, der das Leben öffnet weit über die Grenzen des bloß materiellen Existierens hinaus. Kann es nicht sein, dass unsere Sehnsucht nach Sinn geweckt wird von einem, der Sehnsucht hat nach uns? Wenn Gott identisch ist mit der in Jesus Christus Fleisch gewordenen Liebe, können wir dann nicht von Ihm sagen, was wir von Liebenden sagen, dass sie Sehnsucht danach haben, mit dem zusammenzukommen, den sie lieben?

Der allmächtige Gott, – hat er Sehnsucht nach dem Menschen, z. B. nach dir oder mir?

Nichts anderes feiern wir Weihnachten: Gott ist die Sehnsucht nach dem Menschen – nicht nach allen auf einmal, nicht nach einigen Auserwählten, nein, nach jedem Einzelnen. Gott ist die Sehnsucht nach dem Menschen – so sehr, dass er in Christus selber Mensch geworden ist. Und seitdem ist jeder Mensch Bruder oder Schwester Jesu Christi. Denken wir bei dieser ungeheuren Aussage ruhig an die Gesichter der Hoffnungslosigkeit, des Unglaubens und der Lieblosigkeit, an die mitten im Leben erloschenen Augen der Verbitterung, der Enttäuschung und Verzweiflung! Denn seitdem Gott selbst Mensch geworden ist, seitdem gibt es keinen Abgrund des Menschen, den er nicht „unterfassen"[12] könnte.

Es wird uns bezeichnenderweise von Jesus Christus kein einziges Verdammungsurteil über einen konkreten Menschen überliefert. Keiner wird von ihm als hoffnungsloser Fall abgetan: weder die stadtbekannte Dirne, noch der korrumpierte Zöllner, noch der am Kreuz sterbende Verbrecher.

Ob es nicht letztlich doch das ist, was Menschen, die mit Glauben und Kirche nicht mehr viel am Hut haben, Weihnachten in die Kirche treibt:

die verschüttete Sehnsucht nach einer Liebe, die jeden umarmen will – mit aller Schuld und Vergangenheit, mit allem Versagen und aller Armseligkeit, mit aller Schwäche und Angst? Verbirgt sich unter dem Rummel um Weihnachten nicht doch diese Sehnsucht nach einem Licht, das jedes Dunkel besiegen kann; das Heimweh nach dem Goldgrund, das Heimweh nach der Liebe, die stärker ist als der Tod?

Von ganzem Herzen wünsche ich Ihnen, dass Sie Christus in sich selbst erfahren als das Licht, das stärker ist als jede Dunkelheit. Von Herzen wünsche ich Ihnen gesegnete Weihnachten.

Fürbitten

Im Glauben an den Gott, der unter uns Mensch geworden ist, im Blick auf das Licht, das alle Dunkelheit erleuchtet, im Blick auf unseren Herrn Jesus Christus:

- Lasset uns beten für alle, mit denen wir Weihnachten feiern; für alle, die unserer Sorge und Mitsorge vertrauen; für unsere Familien; für unsere Freunde; für alle, mit denen wir viele Wege unseres Lebens gemeinsam gehen. – Lasset zum Herrn uns beten (Gotteslob 358,3).

- Lasset uns beten um wechselseitiges Vertrauen und Solidarität überall, wo Menschen zusammen arbeiten: in Fabriken und Betrieben, in Schulen und Universitäten, in Kirche und Staat. – Lasset zum Herrn uns beten (Gotteslob 358,3).

- Lasset uns beten um die Kultur der Ehrfurcht, des Taktes und der Liebe in unseren Krankenhäusern und Genesungszentren, in unseren Alters- und Pflegeheimen, in unseren Asylen und Anstalten. – Lasset zum Herrn uns beten (Gotteslob 358,3).

- Lasset uns beten für die Unglücklichen und Benachteiligten, für die Menschen am Rande unseres Wohlstandes und unserer Sozialsysteme, für ausgegrenzte, vereinsamte und vergessene Menschen; und für die, die ein Kreuz tragen, das niemand sieht. – Lasset zum Herrn uns beten (Gotteslob 358,3).

- Lasset uns beten für jene, die eine hohe Position bekleiden; von deren Führung die Zukunft vieler Menschen abhängt; für die Mächtigen der Politik, der Rechtsprechung und der Wissenschaft; besonders für die Politiker, die über Krieg oder Frieden entscheiden. – Lasset zum Herrn uns beten (Gotteslob 358,3).

- Lasset uns beten für alle, die an das Evangelium glauben: dass sie sichtbar machen, was sie in der Eucharistie empfangen; dass sie keine Schranken aufrichten, sondern Brücken bauen zwischen Ost und West, Nord und Süd, farbigen und weißen, armen und reichen Völkern; dass sie die Mauern der konfessionellen Trennung überwinden, Gegensätze ausgleichen und Frieden ermöglichen. – Lasset zum Herrn uns beten (Gotteslob 358,3).

Herr, zeige uns die unendliche Macht Deiner erbarmenden Liebe. Lass uns erfahren, was wir mit dem Mund bekennen. Und gib uns Augen, Ohren und Herzen für das Licht Deiner Herrlichkeit. So bitten wir Dich, der Du mit dem Vater in der Einheit des Heiligen Geistes lebst und herrschest als Gott von Ewigkeit zu Ewigkeit. Amen.

„Er sah die Herrlichkeit Gottes" (Apg 6,55)

Predigt am Fest des Heiligen Stephanus

„Ist das herrlich!" – Vielleicht haben Sie so gestern oder heute spontan gedacht, als Sie unsere Kirche betraten. Jedes Jahr sorgen viele Helferinnen und Helfer für die gleiche faszinierende Verwandlung der Szene. Der asketisch strenge Raum verwandelt sich in einen funkelnden Festsaal. „Ist das herrlich", sagen auch die Kinder, begeistert von den vielen Lichtern und besonders von der großen Krippe. „Ist das herrlich", haben Sie vielleicht auch gesagt, als Sie ein unerwartetes Geschenk auspacken durften.

Unser Leben ist voll von verborgenen Herrlichkeiten, nicht nur an den Feiertagen. Dann und wann bricht es aus uns hervor oder über uns herein – beides! „Ist das herrlich", denken wir und meinen: „Lasst uns diesen Augenblick festhalten! Lasst uns darin bleiben, als ob er ewig wäre! Lasst uns das Leben feiern durch den flüchtigen Rausch des Vergänglichen hindurch! Lasst uns das verborgene Fest entdecken in der Tiefe unseres Daseins!"

Über den meisten Krippen – auch über der unsrigen – erkennen Sie das Spruchband mit der Aufschrift „Gloria in excelsis Deo". In unsere Nacht, in alle Ecken unserer Dunkelheit wird Herrlichkeit hineingehängt.

Ist das naiv? Mir scheint, dass uns jemand wie mit einem göttlichen

Zaunpfahl zuwinkt, uns gleichsam sagen will: „Um eurer selbst willen! Sucht Gottes Herrlichkeit nirgendwo anders!"

Selbst die Weisen aus dem Morgenland müssen diese Lektion lernen. Sie streben erst einmal dahin, wo die Feier am pompösesten ist, in den Palast des Herodes. Aber der Stern bleibt draußen; er verbirgt sich vor dem vordergründigen Geprotze und Geflimmer. Die Pilger aus der Ferne müssen die Herrlichkeit Gottes dort entdecken, wo sie diese am wenigsten erwartet haben: in der Armut eines Viehstalles draußen vor den Stadttoren von Betlehem.

Der Weg Jesu bleibt zunächst ein Weg im Verborgenen. Die Jahre in Nazaret bieten alltägliche Szenen jenseits der Idylle, die die Maler daraus gemacht haben: Arbeit und Dienst. Die Dorfbewohner können später sagen: „Den kennen wir doch! Von dem wissen wir doch alles! Was will denn der? Wieso soll der sich sein tägliches Brot anders verdienen als wir?" Auch Johannes der Täufer gehört zu jenen, die sich den erwarteten Messias als einen starken Mann mit ungewöhnlicher Macht und außergewöhnlichem Erfolg ausmalen. Am Jordan hatte er ihn als den proklamiert, dem die Schuhriemen aufzuschnüren er nicht würdig sei. Als Gefangener aber lässt er Jesus fragen: „Bist du der, der kommen soll, oder müssen wir auf einen anderen warten?" (Mt 11,3). Er kann nur schwer glauben, dass der Messias nicht einmal die Macht hat, seinen Wegbereiter aus dem Gefängnis zu befreien. Und die Antwort, dass er Lahme gehend mache und Blinde sehend und Aussätzige rein, genügt ihm offensichtlich nicht. Da muss doch – so denkt er – mehr Glanz und Gloria sein auf Seiten des wahren Messias.

Nein, da ist keine andere Herrlichkeit als die der Gläubigen, die sich einbeziehen lassen in seine Beziehung zum Vater. Diese Beziehung ist seine Herrlichkeit. Diese Beziehung leuchtet immer wieder auf, besonders da, wo er scheinbar ganz unten ist, besonders in den Worten, mit denen er sich dem Vater überlässt: „Dein Wille geschehe!" – das Programmwort dessen, der seine Herrlichkeit hineinträgt bis in die Nacht des Todes!

Einer der 1943 hingerichteten Lübecker Kapläne schrieb vor seiner Hinrichtung durch die Nazis ein kleines Gebet auf, das überschrieben ist

„Mit offenen Händen": „Herr, hier sind meine Hände. Lege darauf, was du willst. Nimm hinweg, was du willst. Führe mich, wohin du willst. In allem geschehe dein Wille."

Wer so beten kann, vertraut ganz. Ob es nicht dieses Vertrauen ist, das Stephanus, den ersten Märtyrer der Christenheit, in der Stunde des Todes „die Herrlichkeit Gottes" (Apg 6,55) erkennen lässt?

Wenn wir am ersten Tag nach Weihnachten das Fest des ersten Märtyrers der Christenheit feiern, dann gewiss nicht, weil Christentum das Außergewöhnliche und Spektakuläre ist, sondern im Gegenteil die Übersetzung des Lebens und des Sterbens Jesu Christi in die kleine Münze des je eigenen Alltags.

Das griechische Wort „martyría" bedeutet „Zeugnis". Dazu sind nicht nur einige wenige Ausnahmemenschen berufen, sondern alle Getauften. Jeder kann auf je einmalige Weise Christus darstellen. Nichts ist in der gesamten Heiligen Schrift so deutlich greifbar wie die Gewissheit, dass jeder einzelne Mensch die Herrlichkeit des Herrn sein kann.

Ich meine, das ist eine weihnachtliche Ermutigung: nämlich Gott nicht über den Wolken zu suchen, sondern ihn dicht vor uns zu entdecken, in eben den Alltäglichkeiten, die uns oft so öde scheinen, so dunkel und so leer. Der Apostel Paulus sagt: „Verherrlicht Gott in eurem Leibe!" (1 Kor 6,20). Und: „Ihr seid der Tempel des Heiligen Geistes!" (1 Kor 6,19). Das heißt doch: Gott offenbart seine Herrlichkeit im Leibhaftigen, und der Schauplatz seiner Verherrlichung ist nicht irgendein Leben, sondern *mein* Leben.

Vor den Exerzitien aus Anlass meiner Priesterweihe hat mir mein Beichtvater gesagt: „Machen Sie zum Mittelpunkt der kommenden Tage das Wort: ‚Du bist die Herrlichkeit des Herrn!'" Ich sollte in einer Art „Geistlichem Tagebuch" alles festhalten, was diese Behauptung untermauern und bewahrheiten könnte.

Wir müssen kein Tagebuch führen, um die Herrlichkeit des Herrn in unserem Leben zu entdecken. Es genügt, wenn wir täglich einmal – am besten am Ende des Tages – alles, was wir gesagt, getan, gedacht, gewollt oder nicht gewollt haben, das Geglückte und das Missglückte mit den Augen dessen betrachten, der von sich sagen durfte: „Ich bin der Weg und die Wahrheit und das Leben" (Joh 14,6).

Worauf es am meisten ankommt und was am meisten zählt, ist die Treue. Die Treue im Kleinen! Die großen Unternehmungen, die leidenschaftlichen Vorsätze, das Auf und Ab unserer Himmelsstürmereien sind nicht selten Ausdruck von Eitelkeit, Geltungssucht und Eigenwillen. Die täglich ausgehaltenen zehn Minuten vor Seinem Antlitz aber können uns die Augen öffnen für Seine Herrlichkeit in unserem eigenen Leben.

Fürbitten

Herr Jesus Christus, was wir Weihnachten gefeiert haben, muss in die kleine Münze unseres Lebens übersetzt werden, soll in jedem Einzelnen von uns Hand und Fuß bekommen, kann von jedem Einzelnen dargestellt und bezeugt werden. Deshalb bitten wir Dich am Fest des ersten Blutzeugen der Christenheit:

- Für die Christinnen und Christen, die ihres Glaubens wegen diskriminiert oder gar verfolgt werden; für Deine Zeuginnen und Zeugen vor Tribunalen und in Gefängnissen und überall, wo Christen als kleine Minderheit ihre Identität bewahren. – Christus, höre uns!

- Für die Opfer von Verrat, Verleumdung und Untreue; für die Opfer von Unrecht und Ausbeutung; für die Opfer der Experimente von Menschen an Menschen. – Christus, höre uns!

- Für die Menschen, die sich benutzen lassen als Instrumente einer Ideologie, einer Utopie oder eines diktatorischen Regimes; besonders für die, die nicht wissen, was sie tun; für die verirrten und verführten Handlanger des Unrechts; und für die vielen unschuldigen Menschen, die von ihnen gequält, versteckt und beseitigt werden. – Christus, höre uns!

- Aber auch für die Vielen mitten unter uns, die Deine Herrlichkeit in ihren Alltag tragen: für alle, die gerecht sind unter Inkaufnahme persönlicher Nachteile; für alle, die sich engagieren ohne Bezahlung; für die vielen Väter und Mütter, die nie aufhören mit ihrem Glauben, Hoffen und Lieben. – Christus, höre uns!

- Und für uns selbst: Bewahre uns vor trügerischen Illusionen und feiger Angst. Gib uns den Mut zum Zeugnis für Dich auch da, wo das Christsein unbequem wird. Schenke uns die Kraft zum Verzeihen, wenn wir Ablehnung, Hass oder Demütigung erfahren haben. Zerbrich die Mauern vergangener, fremder und eigener Schuld! Und gib, dass wir immer mehr eine Kirche werden, die Misstrauen vertreibt, Ungerechtigkeit beseitigt und Frieden zwischen den Fronten schafft. – Christus, höre uns!

Denn, Herr, Du allein bist der Weg, die Wahrheit und das Leben. Dein Herz ist größer als unser Glaube. Ergänze, was uns fehlt; führe uns zur Einheit in Dir, und schenke uns den Geist, in dessen Einheit Du mit dem Vater lebst und herrschest als Gott von Ewigkeit zu Ewigkeit. Amen.

„Als die Zeit erfüllt war, sandte Gott Seinen Sohn" (Gal 4,4a)

Predigt am Silvesterabend

Der Heiligen Schrift ist die Vorstellung fremd, die Zeit sei so etwas wie ein großes Gefäß, das man mit allem Möglichen füllen kann. Ganz im Gegenteil: Zeit ist in der Bibel immer gebunden an einen konkreten Inhalt. Im Buch „Kohelet" lesen wir: „Alles hat seine Stunde. Für jedes Geschehen unter dem Himmel gibt es eine bestimmte Zeit" (Koh 3,1).

Wie ein roter Faden zieht sich durch die ganze Heilige Schrift die Gewissheit, dass jeder Mensch – von Gott her betrachtet – eine ganz bestimmte Aufgabe erfüllen soll, die kein anderer Mensch für ihn übernehmen kann. Wenn er diese seine Berufung erfüllt hat, hat sich auch seine Zeit erfüllt – ganz gleichgültig, ob sein Leben gemessen an der Durchschnittsdauer eines Menschenlebens kurz oder lang erscheint. Erst dann, wenn man den einzelnen Menschen nicht mehr von Gott her betrachtet, erscheint die Lebenszeit wie ein stets zu klein geratenes Gefäß, das man mit allem Möglichen heute so und morgen anders füllen kann.

Mir scheint, dass der Umgang mit der eigenen Zeit deutlicher als alles andere Aufschluss darüber gibt, ob ein Mensch gläubig oder ungläubig, oberflächlich oder tief gläubig ist. Denn um eine Tatsache kommt kein Mensch herum: um die Tatsache nämlich, dass seine Zeit befristet ist. Und also muss er sich zu dieser Tatsache verhalten – ob er will oder nicht.

Keine Epoche der Geschichte war so erfinderisch wie die unsrige in dem Bemühen, der Tatsache der befristeten Zeit ein Schnippchen zu schlagen. Wenn die eigene Lebenszeit nicht als Gabe bzw. Berufung Gottes verstanden wird, dann ist ihre Dauer auf jeden Fall zu kurz. Also muss man versuchen, auf alle mögliche Weisen Zeit zu gewinnen, die Befristung aufzuheben oder den Tod wenigstens hinauszuschieben.

Um einige Beispiele unseres Erfindungsreichtums zu nennen, verweise ich auf die Versuche unserer globalisierten Wirtschaft, in immer kürzerer Zeit mit immer weniger Arbeitskräften immer mehr zu produzieren. Wehe den „Ungleichzeitigen", die aus dem Takt kommen, die dem Zeitmaß der Fließbänder nicht folgen können, die im buchstäblichen Sinn „nicht mehr richtig ticken". Selbst da, wo die Zeit von ihren Inhalten untrennbar schien, in der Landwirtschaft, wird die „Eigenzeit" von Tieren und Pflanzen mehr und mehr aufgehoben. Alles ist zu jeder Zeit und an jedem Ort lieferbar. Wir haben uns an frische Erd-, Him- und Blaubeeren im Dezember längst gewöhnt; und wir heben auch im kulturellen Leben jede Zeitbedingtheit von Inhalten auf. Wie die Rubrik „Früchte der Saison" von der Speisekarte verschwindet, so der Sonntag aus dem Lebensrhythmus. Wann „für mich" Sonntag ist, bestimmt nicht der Kalender; nein, das bestimme ich selbst. Es geht um die Gleichzeitigkeit aller Genüsse. Der Fernsehkonsument zappt sich in die Gleichzeitigkeit von fünfzig Programmen. Alles ist zu jeder Zeit verfügbar. Per Teleshopping kann ich zu jeder Zeit alles einkaufen. Und da stört es natürlich, wenn man die Welt noch immer in unterschiedliche Zeitzonen einteilt. Also hat der schweizerische Uhrenhersteller Swatch am 23.10.1988 die weltweit eine „Internet-Zeit" ausgerufen. Jetzt kann man sich weltweit verabreden, ohne zu fragen, wie spät es in welchem Erdteil gerade ist.

Beschleunigungen dienen in erster Linie nicht mehr dem Ziel, rascher von A nach B zu kommen. Vielmehr soll der Abstand zwischen A und B aufgehoben werden. Durch die elektronischen Medien kann ich gleichzeitig in meiner Wohnung und an jedem möglichen Ort der Welt sein. Wenn es z. B. um sportliche Großereignisse wie die Fußballweltmeisterschaft oder die Olympischen Spiele geht, bin ich vor dem Fernseher sogar im Vorteil gegenüber denen, die im Stadion sitzen. Ich bin so nah am Ball wie die Spieler. Und wenn ich mich an den 11. September 2001 erinnere: Über das Fernsehen konnte ich die Folge des Flugzeugattentates, das Einstürzen der Türme des World-Trade-Centers, live – wie man so schön sagt – miterleben.

Der Preis ist vielen Internet-Freaks gar nicht mehr bewusst: Nur wenn sie selbst vor dem Computer verharren, können sie überall dabei sein – natürlich nicht im realen, sondern nur im virtuellen bzw. elektronischen Sinne. Das heißt: Nur um den Preis des Verzichtes auf das wirkliche Dabeisein an wenigstens einem Ort ist das virtuelle Dabeisein an vielen Orten gleichzeitig zu haben. Hoffentlich gehören wir nicht zu denen, die von allen möglichen Küsten gleichzeitig die Bilder einer ungeheuren Naturkatastrophe auf ihre Bildschirme zappen, aber am Leiden nicht eines einzigen Menschen real Anteil nehmen!

Man kann versuchen, immer mehr in immer kürzerer Zeit zu erleben – und wenn es nur am Bildschirm ist. Man kann die Zeit wie eine Hohlform von jedem Inhalt trennen und diese Hohlform mit immer neuen Erlebnissen immer dichter anfüllen. Aber gibt man so dem Leben, gibt man so dem Sterben einen Sinn?

Eigentlich müsste doch zur Zeit jeder von uns viel mehr Zeit haben als zu den Zeiten, als es viel weniger Maschinen, kein Telefon, kein Flugzeug, kein Auto, keine Waschmaschine und schon gar kein Internet, sondern viel längere Arbeitszeiten und viel weniger Urlaub gab. Aber nicht frühere Zeiten, sondern unsere Zeit ist gekennzeichnet durch das Motto: „Ich habe keine Zeit!".

1992 erschien in deutscher Sprache das viel diskutierte Buch des japanischen Historikers Francis Fukuyama mit dem Titel: „Das Ende der Geschichte". Mit diesem Titel wollte der Autor sagen: Es gibt in einer globalisierten Industriegesellschaft nur noch ein Ziel, nämlich die Zeitbedingtheit aller Inhalte des menschlichen Lebens aufzuheben. In dem Maße aber, in dem alles gleichzeitig ist, wird die Geschichte aufgehoben. Denn die Geschichte basiert auf dem Einmaligen.

Die Illusion, wir könnten durch Beschleunigung die Grenzen der Zeit sprengen, ist begleitet von Theorien und Experimenten, die dem Tod die Zähne ziehen sollen. Dem auch in christlichen Kreisen grassierenden

Reinkarnationsglauben entspricht die von Naturwissenschaftlern genährte Hoffnung, Ende des 21. Jahrhunderts könne man jedes menschliche Organ in der Petri-Schale züchten und jederzeit ersetzen. Die Palette der Anti-Tod-Techniken „reicht vom Tiefschlaf in Tiefkühlaggregaten, aus dem man erst in jenen Tagen auferweckt wird, wenn die heute noch tödliche Krankheit heilbar geworden ist, bis hin zur gentechnischen Reproduktion auf dem Weg der Klonierung, um bei Bedarf ein Duplikat des eigenen Organismus zur Verfügung zu haben, auf das über ein noch zu entwickelndes neuro-technologisches Verfahren die bis dato im Gehirn gespeicherten Identitätsmuster überspielt werden können."[13]

Die Absurdität dieser Unternehmungen ist mit Händen zu greifen – nicht nur deshalb, weil dergleichen allenfalls für einige Wenige bezahlbar ist, sondern auch, weil niemand durch die Erhöhung der Erlebnisdichte pro Zeiteinheit seiner Existenz einen Sinn geben kann.

Natürlich sind wir alle – ob wir wollen oder nicht – Kinder unserer Zeit. Niemand kann sich einfach den Trends der Beschleunigungsgesellschaft entziehen. Kaum einer kann ohne Fernsehen und Internet leben. Und doch sollte uns bewusst sein, dass die Beschleunigung wie eine Droge wirkt, die uns das Fragen austreibt – das Fragen nach dem Sinn unseres Lebens und Sterbens, das Fragen nach dem, was wir nicht machen, bewältigen oder verändern können.

Vielleicht haben auch Sie sich schon einmal bei dem Gedanken ertappt: „Wenn ich erst diese oder jene Position erreicht habe; wenn das Haus fertig ist; wenn die Kinder mit der Ausbildung fertig sind, dann, ja dann beginne ich endlich zu leben." Das heißt doch im Klartext: Vorher habe ich eigentlich nicht gelebt, jedenfalls nicht richtig gelebt. Aber was ist das denn: „richtig leben", wenn das, was vorher war, nicht richtiges Leben war?

Offensichtlich sehnen wir uns nach einer Zeit, die uns anders begegnet als eine Uhr; nach einer Zeit, die nicht deshalb „erfüllt" ist, weil nichts mehr in sie hineinpasst, sondern weil sie uns die Gegenwart schenkt. Aus der Perspektive der Uhr sind wir nie in der Gegenwart. Denn wenn ich im Blick auf meine Armbanduhr sage: „Jetzt bin ich in der Gegenwart", dann belehrt mich der Sekundenzeiger eines Besseren.

Denn streng genommen bin ich, weil die Uhr immer weiter läuft, niemals in der Gegenwart. Das, was jetzt Gegenwart ist, ist in dem Moment, wo ich den Satz „Jetzt ist Gegenwart" beendet habe, schon Vergangenheit. Der Kirchenvater Augustinus war deshalb der Meinung, dass die Ewigkeit Gottes identisch sei mit der Gegenwart. Denn für Gott gibt es kein Nicht-mehr und auch kein Noch-nicht. Für Gott ist alles gegenwärtig; für uns dagegen nichts. Oder doch?

Was meint denn Paulus mit dem Satz: „Als die Zeit erfüllt war, sandte Gott seinen Sohn" (Gal 4,4a)?

Er meint doch offensichtlich das, was wir Weihnachten gefeiert haben: das Hineinkommen des Ewigen in die Zeit. Paulus will sagen: In diesem Einen, in Jesus Christus, ist das, was aller Zeit als deren Grund und Sinn vorausliegt, hineingekommen in die Zeit. Paulus will sagen: An diesem Einen kann jeder Mensch ablesen, was der Sinn der Zeit überhaupt und speziell der Sinn seiner persönlichen Lebenszeit ist. Paulus will sagen: Wer seine Tage, Stunden und Minuten von diesem Jesus Christus bestimmen lässt, der lebt keinen Tag, keine Stunde und keine Minute umsonst.

Frage: Warum nicht?

Antwort: Weil die Liebe stärker ist als der Tod – wohlgemerkt nicht irgendeine Liebe, sondern die Liebe, die das Kreuz besiegt hat und seit dem Tag der Auferstehung des Gekreuzigten dessen Namen trägt.

Wer die Liebe, die Jesus Christus ist, hineinlässt in das eigene Leben; wem es gelingt, die Liebe, die Jesus Christus ist, in die kleine Münze seiner Minuten, Stunden und Tage zu übersetzen, dem kann es geschehen, dass er auch noch in der tiefsten Lebensbedrohung, auch angesichts des Todes „das Lied seines Lebens weitersingen kann"[14].

Ich kenne einen sehr erfolgreichen Unternehmer, der in der so genannten Lebensmitte – mit 42 Jahren – plötzlich wie gelähmt schien. Er konsultierte einen Arzt nach dem anderen. Er musste sich in stationäre Behandlung begeben. Man konnte aber nichts Organisches feststellen. Ein Psychotherapeut sprach von Depression. Die Ursache für seine Krankheit – davon bin ich fest überzeugt – war darin zu suchen, dass er mehr als zwanzig Jahre lang nach dem Motto „immer mehr und immer schneller" gelebt hatte. Als er im Krankenhaus nach Jahrzehnten zum ersten Mal wieder an einem Gottesdienst teilnahm, begann er wie ein Kind zu weinen. Alles, was er verdrängt hatte, brach sich in ihm Bahn. Später erzählte er mir, dass er inzwischen jeden seiner Mitarbeiter mit Namen kenne und dass er täglich bete.

Er ist gewiss nur eines unter unzähligen Beispielen, die veranschaulichen können, was es heißt, endlich anzufangen mit dem Leben, das den Tod besiegt!

Dieses Leben, das den Tod besiegt, wünsche ich Ihnen am Vorabend eines neuen Jahres – 365 Tage lang und besonders dann, wenn Sie versucht sind, neben den Maßstäben der Konkurrenz, der Leistung und des Erfolges die Maßstäbe Gottes zu vergessen. Ich wünsche Ihnen 365 Tage lang Zeit für ein Morgen- und für ein Abendgebet; 365 Tage lang Mut, den geplanten und den vergangenen Tag im Spiegel Jesu Christi zu betrachten; 365 Tage lang morgens und abends den Blick auf Jesus Christus, der auch Ihre Zeit mit der Ewigkeit versöhnen kann.

Fürbitten

Herr Jesus Christus, Du bist der Anfang und das Ende, das Alpha und das Omega der Geschichte insgesamt und jedes einzelnen menschlichen Lebens. Am letzten Abend des zu Ende gehenden Jahres tragen wir vor Dich:

- Die Familien unserer Gemeinde, die zerbrochen sind; die Eheleute, die sich getrennt haben; besonders die von Sucht, schwerer Krankheit und Arbeitslosigkeit betroffenen Familien unserer Gemeinde. – Christus, höre uns!

- Und auch die Familien, die neu gegründet wurden; die Eheleute, die sich vor dem Altar unserer Pfarrkirche das Ja-Wort gegeben haben; und besonders die Eltern, die einem Kind das Leben geschenkt und bei dessen Taufe dessen christliche Erziehung versprochen haben. – Christus, höre uns!

- Wir tragen vor Dich die jungen Menschen unserer Gemeinde, die im abgelaufenen Jahr einen neuen Abschnitt ihres Lebens begonnen haben: alle, die in der Firmung versprochen haben, ihr Christentum bewusst zu leben; alle, die ihre Schulausbildung beendet und ein Studium oder eine Berufsausbildung begonnen haben; besonders auch die, die ihren Wehr- oder Zivildienst, ein soziales Jahr oder eine Probezeit absolvieren. – Christus, höre uns!

- Wir tragen vor Dich die Menschen, die unsere Gemeinde verlassen haben: die aus der Kirche ausgetreten sind; besonders die unter ihnen, denen die Kirche zum Ärgernis wurde oder die so sehr enttäuscht wurden, dass sie nichts mehr von ihrem Glauben erwarten. – Christus, höre uns!

- Und wir tragen vor Dich jene, die im abgelaufenen Jahr zu uns gekommen sind; die Menschen unserer Gemeinde, die aus anderen Teilen unseres Landes oder aus dem Ausland kommen und sich hier noch nicht heimisch fühlen; und besonders die, die nach langer Zeit zum ersten Mal wieder gebeichtet und einen neuen Anfang gesetzt haben. – Christus, höre uns!

- Wir tragen vor Dich auch unsere Toten: alle, die am vergangenen Silvesterabend noch unter uns waren; aber auch ihre Angehörigen; besonders die unter ihnen, die wie erblindet weitergehen in ihrer Trauer und den Schmerz nicht überwinden können. – Christus, höre uns!

- Und wir tragen vor Dich alle Menschen, denen im zu Ende gehenden Jahr ein schweres Kreuz auf die Schultern oder auf die Seele gelegt wurde; jene, die ihre physische oder psychische Gesundheit unwiederbringlich verloren haben; und jene, die schwer verunglückt und nun behindert sind. – Christus, höre uns!

Herr, wir tragen vor Dich uns selbst, unsere Begabungen und unsere Grenzen, unsere Vergangenheit und unsere Zukunft. Wir vertrauen uns Dir an und bitten Dich um die Begleitung all unserer Wege durch Deinen Geist, in dessen Einheit Du mit dem Vater lebst und herrschest als Gott von Ewigkeit zu Ewigkeit. Amen.

„Der Herr segne dich und behüte dich!" (Num 6,24)

Predigt am Neujahrstag

Regelmäßig wird im Dezember das „Wort des Jahres" ermittelt. Das wichtigste Kriterium ist die Häufigkeit der Nennung dieses Wortes in den Printmedien. Das Wort des Jahres 1989 hieß „Wende", das des Jahres 1994 „Superwahljahr" und das des Jahres 2004 „Hartz IV". Wenn man die Schlagzeilen der Zeitungen zugrunde legt, wird man also zu dem Ergebnis gelangen: Das, was die meisten Deutschen am meisten beschäftigt hat, das ist die Politik.

Ich habe da meine Zweifel. Die Veranstalter der Frankfurter Buchmesse gelangen regelmäßig zu einem ganz anderen Ergebnis als die Journalisten. Für sie war das Wort des Jahres 2000 nicht das Wort „Spendenaffäre", sondern das Wort „Sinn". Da, wo es anders als in den Schlagzeilen der Tagespresse nicht um bloße Neuigkeiten geht; da, wo es um das Leben des Lesers selbst geht, in vielen der im Jahr 2000 erschienenen Bücher zum Beispiel, ist auffällig häufig von Sinn und Sinnsuche, von Sinnverlust und Sinnfindung die Rede. So jedenfalls der Präsident des Börsenvereins des Deutschen Buchhandels.

Auch wenn das Wort „Sinn" denkbar unbestimmt und vieldeutig ist, so bezeichnet es doch immer die Frage oder Suche nach einem Zusammenhang, der das Vielerlei des Einzelnen, das scheinbar Zufällige, erklärt. Die Romane und Erzählungen des 2003 verstorbenen Schriftstellers Alexandar Tisma zum Beispiel sind ein beeindruckendes Zeitzeugnis der Suche nach dem Sinn. In dem Roman „Treue und Verrat" schildert er das unsägliche Leben des ruhelosen Sergije Rudic, der sich ein Leben lang nach einer Heimat sehnt und sie nirgendwo findet. Und in den 2003 postum veröffentlichten Tagebüchern mit dem bezeichnenden Titel „Reise in mein vergessenes Ich" wird deutlich, in wie hohem Maße die Gestalt des Sergije Rudic das Leben des 2003 verstorbenen Alexandar Tisma spiegelt.

Man muss nicht wie Alexandar Tisma gezeichnet sein durch die unaussprechliche Sinnlosigkeit des Krieges zwischen Serben, Kroaten und Bosniaken. Das Vermissen des Sinns hat in der Regel weniger spektakuläre Ursachen. Der ehemalige Münsteraner Spiritual Johannes Bours spricht von der zumeist unmerklichen Verdunstung des Glaubens, um zu erklären, wie der Sinn des Lebens und des Sterbens vielen Zeitgenossen abhanden gekommen ist. Viele Menschen merken erst nach dem Überschreiten der Lebensmitte – dann, wenn sie familiär und beruflich alles erreicht haben –, dass ihr Leben wie das Rad eines Hamsters ist. Die Suche nach Sinn treibt seltsame Blüten. Nicht wenige suchen ihn, indem sie ausbrechen in das vermeintlich „ganz Andere". Man kann von einer Hochkonjunktur esoterischer Praktiken sprechen. Die einen versuchen es mit Transzendentaler Meditation oder anderen Formen des Bewusstseinstrainings; andere mit Erlebnissen, die ein ganz neues „Feeling", Kontakt mit einer übersinnlichen Sphäre oder ganz einfach das Vergessen des Alltäglichen versprechen.

Wenn „der Sinn" aber „das ganz Andere" gegenüber dem Alltag, gegenüber dem Jetzt und Hier, ist, wenn das, was allem Sinn gibt, jenseits von Welt und Geschichte zu suchen ist, dann allerdings muss jeder, der den Sinn finden will, irgendwie abheben aus dieser Welt hinein in eine andere – wenn es nicht physisch geht, dann wenigstens bewusstseinsmäßig durch alle möglichen Techniken der Verinnerlichung, Versenkung oder Mentalhygiene.

Mir scheint: Auch viele im christlichen Glauben erzogene und aufgewachsene Menschen, auch solche, die ihren Glauben praktizieren, meinen, wenn sie vom Sinn ihres Lebens sprechen, das ganz Andere, das schlechthin Transzendente, das Jenseitige. Sie identifizieren dieses „Jenseitige" zwar mit Gott oder sogar ausdrücklich mit Jesus Christus. Aber Christus ist für sie nicht das, was wir Weihnachten gefeiert haben: nicht der Fleisch gewordene, nicht der konkret gewordene, nicht der in Raum und Zeit inkarnierte Gott, sondern allenfalls so etwas wie ein Wegweiser, ein Symbol oder ein Beispiel, an dem man sich orientieren kann.

Schon in seinen Anfängen ist das Christentum mit der Versuchung konfrontiert, das Eigentliche, das Entscheidende der Weihnachtsbotschaft zu ignorieren. Jesus Christus als Lehrer eines viel versprechenden Weges zum Heil – kein Problem! Jesus Christus als Inkarnation einer Idee, eines Programms oder einer Weltanschauung – auch kein Problem! Aber von dem Anspruch dieses Einen, für alle Menschen vor ihm und nach ihm „das Heil" nicht nur zu *lehren*, sondern zu *sein*, distanzieren sich von Anfang an besonders die Gebildeten. Denn sie können am wenigsten glauben, dass das, was ein menschliches Leben mit Sinn erfüllt, keine Lehre, keine Philosophie, kein Weg der Selbsterlösung, sondern das Geschenk diesen Einen und Einzigen mit dem Namen Jesus Christus ist. Hätte Paulus den Philosophen von Athen Jesus Christus als einen unter anderen Weisheitslehrern vorgestellt, wäre er sicher auf offene Ohren gestoßen. Aber mit dem Anspruch, *den* Weg, *die* Wahrheit und *das* Leben für alle Menschen aller Zeiten zu präsentieren, macht er sich in deren Augen lächerlich. Wir alle kennen die Begriffe, die ein solcher Anspruch nach sich zieht: Absolutheitsanspruch, Fanatismus, Intoleranz und Imperialismus.

Bei Licht besehen aber ist ein Christentum, das Weihnachten verstanden hat, frei von jeder Intoleranz und jedem Fanatismus, von jeder Vereinnahmung des anders Denkenden oder anders Glaubenden. Denn Weihnachten feiern wir, dass die Wahrheit nicht eine Lehre, auch nicht ein Credo oder ein Buch, sondern eine Person ist. Eine Person ist so konkret, dass keine Heilige Schrift und kein Dogma sie erschöpfend beschreiben können. Die Schriften der Bibel und die Dogmen der Kirche sind zwar authentische Bezeugungen der Wahrheit, nicht aber die Wahrheit selbst. Diese ist allein Jesus Christus. In ihm ist die Wahrheit ein menschliches Antlitz. Und diesem Antlitz kann ich nicht gerecht werden oder entsprechen, indem ich es beschreibe oder definiere, sondern nur durch Anerkennung, durch Liebe. Liebe lässt sich nicht erzwingen – auch nicht durch gut gemeinte Zwangsmissionierungen. Liebe ist immer Ausdruck von Freiheit.

Erst dann, wenn Wahrheit kein bloßes Glaubensbekenntnis bleibt; erst dann, wenn Wahrheit in den eigenen Leib, in das Hören, Reden, Sehen und Fühlen, kurz: in die Beziehung zum Nächsten, übersetzt wird, ist Christentum mehr als eine Theorie; ist Christentum der Versuch des jeweils einzelnen Christen, das Ereignis der Inkarnation in die kleine Münze des je eigenen Lebens zu übersetzen.

Jedes Mal, wenn ich als Priester ein Sakrament spende, verkündige ich öffentlich, dass der Empfänger berufen ist, an der Inkarnation Jesu Christi teilzunehmen.

Wenn ich zu einem Kind sage: „Ich taufe dich im Namen des Vaters und des Sohnes und des Heiligen Geistes", dann sage ich diesem Kind (und auch seinen Eltern und Paten): „Du sollst und du kannst das sein, was du empfängst!"

Und wenn ich einem Menschen mit den Worten begegne: „Ich spreche dich los von deiner Schuld!", dann sage ich diesem Menschen – natürlich nicht aus eigener Kraft, sondern im Namen Gottes: „Du kannst und du sollst trotz allem, was war, ein erneuertes Bild Jesu Christi sein!"

Und wenn ich immer und immer wieder Eucharistie feiere und immer und immer wieder Menschen den Leib des Herrn reiche, dann sage ich doch jedem Einzelnen als einzelnem: „Du kannst und du sollst das sein, was du empfängst!"

Und wenn ich einen Schwerkranken salbe, dann sage ich ihm – natürlich nicht aus eigener Kraft, sondern im Namen Gottes: „Du kannst und du sollst inmitten deiner Schwäche, inmitten deiner Krankheit, im Zugehen auf den Tod die Hoffnung vorleben, die du selbst empfängst!"

Jeder von uns kann und soll in dieser Welt eine Öffnung sein, durch die hindurch der Sinn, nach dem letztlich alle Menschen sich sehnen, Hand und Fuß bekommt. In der ersten Lesung des Neujahrstages wird uns gesagt, dass Gott uns segnet. Dieser Segen wird missverstanden, wenn man darunter ein Handeln Gottes an uns ohne uns versteht. Gott handelt niemals an uns, ohne uns einzubeziehen. Wir sollen sein, was wir von ihm empfangen: nämlich ein Segen. Deshalb heißt es in der Lesung aus dem Buch Numeri, dass Gott seinen Namen auf die legt, die er segnet.

Ein Segen *sein* kann ich allerdings nur, wenn ich *ich selbst* bin, wenn ich lebenswahrhaftig bin. Ich muss lassen, was mich in eine Scheinwelt bringen will, was mich zur „Rolle" oder zur „Maske" degradiert. Vielleicht muss ich die falschen Erwartungen der eigenen Eltern abstreifen oder ein bestimmtes Milieu verlassen, um endlich das sein zu können, was ich von Gott her sein soll.

Kann ich – so mag mancher fragen – ein Segen sein, wenn ich nicht vollkommen bin, wenn ich immer wieder in *meine* Sünde falle, wenn – tiefenpsychologisch gesprochen – ein schwerer Schatten auf mir liegt, wenn ich von meinen charakterlichen und seelischen Gebrechen verwundet bin?

Ich denke in diesem Zusammenhang an eine junge Studentin, die von ihren Eltern wenig geliebt, unter furchtbaren Spannungen aufgewachsen ist und immer wieder meint, sie könne sich die Anerkennung, die ihr verweigert wurde, durch Leistung erkaufen. Sie hat zwei Selbsttötungsversuche hinter sich. Denn so erträgt man das Leben nicht.

Und doch: Kann diese furchtbar gequälte Frau nicht doch ein Segen sein oder immer mehr werden? Vielleicht muss sie lange Wege gehen, bis auch die Lebenswunde zu einer Öffnung geworden ist, durch die Christus zu anderen Menschen sprechen kann. Aber möglich müsste das doch sein von dem Erlöser her, dessen Wunden die Rettung der Welt wurden.

Nicht von ungefähr stellt uns die Liturgie der Kirche am ersten Tag des Jahres Maria als die Frau vor Augen, deren Leib im buchstäblichen Sinn dieses Wortes zum *Ort der Inkarnation des Herrn* wurde. Das Zweite Vatikanische Konzil nennt sie das Urbild der Kirche und das Urbild des Glaubens. Und deshalb möchte ich im Blick auf sie jedem von Ihnen – jedem ganz persönlich – zurufen: Sie als getaufter und gefirmter Christ, Sie als getaufte und gefirmte Christin können und sollen mit all Ihren Begabungen und Grenzen, mit all Ihren Freuden und Lasten eine Öffnung sein, durch die Gott hineinkommt in diese Welt. Sie sollen und Sie können zu denen gehören, die stellvertretend, mitten in einer säkularisierten und weithin gottvergessenen Welt, das Antlitz Jesu Christi zum Leuchten bringen. So wünsche ich Ihnen für alle 365 Tage des neuen Jahres: dass Sie ein Segen seien.

Fürbitten

Herr Jesus Christus, Du hast jeden Einzelnen von uns in Deine Hand geschrieben. Du kennst unseren Namen und die Zeitspanne unseres Lebens. Vor Dich tragen wir unsere Jahre, unsere Vergangenheit und unsere Zukunft. Wir bitten Dich:

- Für unsere Familien: Bewahre sie vor religiöser Entwurzelung, materialistischer Verflachung und falscher Anpassung; führe zurück, die sich Dir entfremdet haben und erhalte in ihnen die Ehrfurcht vor der Würde der Ungeborenen, Kranken und Alten. – Christus, höre uns!

- Für unsere Jugendlichen: Schenke ihnen Lehrer und Erzieher, die ihrem Leben Orientierung geben; erspare ihnen die Versprechungen der Verführer und bewahre sie vor der Versuchung, Bindungslosigkeit mit Freiheit zu verwechseln; öffne ihre Augen und Sinne, damit sie Dir begegnen, und lass sie erfahren, dass sie mehr sind als ihre bezahlbare Leistung! – Christus, höre uns!

- Für alle, die im neuen Jahr die Schule beenden und einen Beruf ergreifen; für alle, die eine Lebensentscheidung treffen, besonders für die jungen Menschen, die sich auf die Ehe vorbereiten; und für die Eltern, die im neuen Jahr ein Kind erwarten. – Christus, höre uns!

- Und für jene unter uns, die Du im neuen Jahr zu Dir rufen wirst; für die Kranken, die um ihren nahen Tod wissen und ihn als Erlösung erfahren; aber auch für die, die nicht Abschied nehmen können und nach unseren Maßstäben viel zu früh gehen. – Christus, höre uns!

Herr, am Anfang des neuen Jahres bitten wir Dich auch für uns selbst: Nimm von uns die Angst, unseren Aufgaben nicht gerecht zu werden;

die Angst, zu wenig Zeit zu haben; die Angst, etwas zu verpassen oder zu kurz zu kommen. Nimm von uns die Angst, dem Anderen zu vertrauen, auf ihn angewiesen oder von ihm abhängig zu sein. Befreie nicht nur uns, sondern auch die Mächtigen dieser Erde, besonders die Politiker und Militärs, vor den Folgen der Angst und des Misstrauens. Schenke der Welt mehr Versöhnung und Frieden an den Frontlinien des Nahen Ostens und in den vielen Konfliktherden Afrikas. Gib uns Grund zur Hoffnung und lass jeden, der wie wir Deinen Namen trägt, im neuen Jahr zu einem Zeugen dieser Hoffnung werden. So bitten wir Dich, der Du mit dem Vater in der Einheit des Heiligen Geistes lebst und herrschest als Gott von Ewigkeit zu Ewigkeit. Amen.

„Ihr seid von Gott geliebt, seid seine auserwählten Heiligen" (Kol 3,12)

Predigt am Fest der Heiligen Familie

Seinen ersten Besuch in Deutschland hat Papst Johannes Paul II. 1980 mit einer Ansprache eröffnet, die dem Thema Familie gewidmet war. Damals verglich der Papst die Familie mit einem Netz und rief uns zu: „Zerreißt das Netz nicht!"

Wir alle wissen, dass dieses Netz an vielen Stellen rissig geworden ist. Wir wissen, wie viele Raubfische mit allen Kräften daran arbeiten, es vollends aufzureißen, angeblich um den Menschen aus der Gefangenschaft dieses Netzes zu befreien. Der Kampf um den Menschen wird heute weitgehend für oder gegen die Familie ausgetragen. Einige Sozialkritiker versuchen uns einzureden, die Familie sei das älteste Instrument zur Unterdrückung des Menschen. Die Tugenden, auf denen das Familienleben beruhten – Ehrfurcht, Gehorsam, Liebe, Keuschheit – seien in Wirklichkeit das Instrumentarium, mit dem der einzelne Mensch klein gehalten werden solle.

Nehmen wir diesen Gedanken ruhig einmal auf und fragen wir: Was geschieht, wenn die Familie zerschlagen, die Liebe auf den Augenblick des Begehrens reduziert, die Treue als Hemmnis der Freiheit verspottet, die Ehrfurcht vor dem Menschen zum Trick der Herrschenden erklärt wird?

Was geschieht, wenn das Netz zerreißt, das angeblich unsere Gefangenschaft ist?

Wir brauchen gar nicht weit fahren, um Anschauungsbeispiele einer neuen Gesellschaft zu erleben, – z. B. in bestimmten Stadtteilen von Bremen, Frankfurt, Köln oder Berlin mit ihren entsetzlichen Wohnsilos. Zwei Menschen, die arbeiten gehen, im Selbstbedienungsladen essen und die Kinder, wenn sie noch welche haben, im Tagesheim unterbringen. Die großen Kinder nehmen sich so bald wie möglich ein eigenes Zimmer, und die Großeltern werden vornehmlich als Problem betrachtet. Kinder sitzen in elternlosen Wohnungen, werden immer häufiger auch zwischen den geschiedenen Ehepartnern hin- und hergeschoben und finden so keine Geborgenheit, keine Wurzeln, die reifen und seelisch wachsen lassen. Die Trennung der Geschlechtsgemeinschaft von einer auf Treue gründenden Liebe führt oft genug zur Verzweckung und Ausbeutung des einen durch den anderen Partner. Die losen Bindungen, die – wie mir scheint – zu einer Seuche unserer Gesellschaft geworden sind, sind jedenfalls nicht Herbergen der Menschlichkeit, sondern eher Absteigequartiere des Egoismus.

„Das Netz der Ehe und das Netz der Familie ist nicht Gefangenschaft, sondern ein von Gott selbst ausgelegtes Rettungsseil, an dem wir uns aus der Versuchung zur Schwäche und Anpassung herauftasten können in die Höhe wahrer Menschlichkeit." Das ist keine pathetisch formulierte Privatmeinung des Papstes, sondern Ausdruck der Tatsache, dass ein beträchtlicher Teil dessen, was in unserem Leben gut und richtig ist, auf das Konto der Familie geht, in der wir aufwachsen durften.

Weihnachten haben wir gefeiert, dass Gott groß vom Menschen denkt. Wer das begriffen hat, der versteht auch, wie töricht es ist, ausgerechnet der Kirche vorzuwerfen, dass sie nur mit Verboten auf die Fragen der Menschen reagiere, dass sie seine Selbstentfaltung und seine Selbstbestimmung behindere.

Wer ist mutlos? Die Kirche, die Gottes Zutrauen in die Größe des Menschen aufnimmt und es wagt, den Lautsprechern dieser Welt zu widersprechen? Oder sind es die, die dem Menschen bestreiten, treu sein zu können, Leib und Geist integrieren zu können in einer Liebe, die Geschenk ist?

Wer macht den Menschen frei? Wer ihn in seiner Schwäche festhält? Oder wer ihm den Mut gibt, das Große zu wagen?

Die Lesung aus dem Kolosserbrief, die wir soeben gehört haben, beginnt mit den Worten: „Brüder und Schwestern, Ihr seid von Gott geliebt, seid seine auserwählten Heiligen!" (Kol 3,12). Gott traut dem Menschen die Heiligkeit zu. Deshalb hat er ihm Anteil gegeben an seiner eigenen Schöpferkraft.

Treue heißt im Hebräischen und im Griechischen, in den Sprachen der Bibel, zugleich „Glaube". Wenn zwei Menschen, die sich Treue geschworen haben in guten und in bösen Tagen, in Gesundheit und in Krankheit, täglich wenigstens einmal zusammen beten, dann kann der längste Streit zwischen ihnen nicht länger als vierundzwanzig Stunden dauern. Denn man kann nicht mit einem Menschen beten, wenn man sich nicht vorher mit ihm versöhnt hat. Treue, die von einem lebendigen – d.h. betenden – Glauben getragen ist, ist unendlich viel stärker als die eigene Leistungskraft zweier Menschen.

Christus hat uns gelehrt, dass der Mensch vor allem zur Heiligkeit berufen ist und deshalb unendlich viel mehr ist als das Ergebnis seines Milieus, seiner Triebe oder der neuronalen Prozesse seines Gehirns. Auf dieses Menschenrecht müssen wir Christen pochen gegenüber denen, die den Menschen schwach reden und die ihm einflüstern, was schon die Schlange im Paradies dem Menschen eingeredet hat: dass Gott nur ein Herr der Verbote sei.

Vor mittlerweile 2400 Jahren hat der griechische Philosoph Platon in seinem immer noch lesenswerten Dialog über den Staat dem weisen Sokrates die Worte in den Mund gelegt: „Wenn ein Vater sich in die Rolle eines Jugendlichen begibt und sich vor seinen Söhnen fürchtet, und wenn der Sohn sich die Rolle des Vaters anmaßt und keine Ehrfurcht und keinen Respekt vor seinen Eltern hat …; und wenn die Lehrer aus Angst vor ihren Schülern sich deren Moden anpassen … und wenn die Jungen alt und die Alten jung sein wollen … und wenn sich die Männer wie Frauen und die Frauen wie Männer verhalten"[15], dann zerbricht zuerst die Familie, dann das Gemeinwesen und schließlich der Staat.

Die Neurosen, unter denen viele in den siebziger Jahren des 20. Jahrhunderts erzogene junge Menschen leiden, sind nicht die Folgen einer faschistoiden Entmündigung, sondern im Gegenteil Phänomene einer permissiven Erziehung. Die eigenen Kinder einfach gehen lassen, ihnen den eigenen Willen lassen, oder – wie es manchmal noch verlogener heißt – sie die Selbständigkeit proben zu lassen, das war oft genug nicht Ausdruck von Großzügigkeit, sondern blanker Egoismus, der dem eigenen Kind das Entscheidende vorenthielt: die eigene Zeit und Geduld, das immer neue Gespräch, die Selbstlosigkeit der Liebe nämlich, die allein leben lehrt. Aus Furcht vor autoritärem Verhalten auf Autorität verzichten zu wollen, ist eine Naivität, die sich im Ernst niemand leisten kann, sofern er überzeugt ist, er habe anderen etwas Wichtiges zu sagen. Deshalb hat Johannes Paul II. im Wiener Stadion vor allem den jungen Menschen zugerufen: „Glaubt nicht den Propheten der Permissivität, denen, die euch alles erlauben! Glaubt nicht denen, die den Glauben als Garten der Verbote und den Gehorsam als Ängstlichkeit bezeichnen! Glaubt denen nicht, die Bequemlichkeit als Freiheit und Bindungslosigkeit als Glück anbieten. Erziehung ist kein Netz der Gefangenschaft, sondern ein Rettungsseil heraus aus der Versuchung zur Schwäche."

Vielleicht kennt der eine oder die andere von Ihnen den Dokumentarfilm „Noch sechzehn Tage" über das Londoner Hospiz „Chadwick". Da berichtet ein Mann von der Krebskrankheit seines neunzehnjährigen Sohnes und sagt gegen Ende des Films: „Ich kam mir am Krankenbett meines Sohnes immer kleiner und immer ärmer vor, weil da ein Mensch lag, hilflos zwar, aber zugleich doch innerlich weit über mich selbst hinausgewachsen. Es ist so viel Vordergründiges in den beiden Jahren seiner Krankheit zerbrochen. Und unsere Familie, die völlig zerstritten war, wurde während dieser beiden Jahre zu einer Gemeinschaft des Glaubens, des Hoffens und vor allem auch des Betens. Ich wurde wieder Vater, meine Frau Mutter, meine beiden Kinder Sohn und Tochter."

Besonders über den letzten Satz habe ich lange nachgedacht: „Ich wurde wieder Vater, meine Frau Mutter, meine Kinder Sohn und Tochter." – Ich vermute: Hinter diesem vordergründig rätselhaften Satz steht die Erfahrung, dass ein Vater und eine Mutter nur dann Mut zum Leben, Lust am Sein, Lebensbejahung und Selbstvertrauen vermitteln können, wenn sie selbst an mehr glauben als an die eigenen Begabungen und Kräfte; dass zwei Menschen sich nur dann bedingungslos vertrauen können, wenn sie wissen, dass der Partner sein Versprechen vor Gott verantwortet; und dass Erziehung zur Verantwortung auf Seiten der Erziehenden die Selbstverantwortung vor einer höheren Instanz bedingt.

„Wussten Sie schon" – so fragt Wilhelm Willms in einem seiner Gedichte –

„wussten sie schon
dass die nähe eines menschen
gesund machen
krank machen
tot und lebendig machen kann
wussten sie schon
dass die nähe eines menschen
gut machen
böse machen
traurig und froh machen kann
wussten sie schon
dass das wegbleiben eines
menschen
sterben lassen kann
dass das kommen eines menschen
wieder leben lässt

wussten sie schon
dass die stimme eines menschen
einen anderen menschen
wieder aufhorchen lässt
der für alles taub war
wussten sie schon
dass das wort
oder das tun eines menschen
wieder sehend machen kann
einen
der für alles blind war
der nichts mehr sah
der keinen sinn mehr sah in dieser
welt
und in seinem leben"[16]

Wenn Menschen heilen, verbinden und neu leben lassen, dann vertrauen sie auf mehr als auf die eigenen Kräfte. Nicht zufällig haben die Maler, die sich an das Thema „Heilige Familie" gewagt haben, über den Vater, die Mutter und den Sohn das Symbol (die Taube) des Heiligen Geistes gesetzt. Denn der Heilige Geist heißt im Neuen Testament auch „der Paraklet", d. h. der Anwalt und Verteidiger des Menschen. Wer sich für sein Wirken öffnet, der darf sein, was Wilhelm Willms in seinem Gedicht erhofft: nämlich einer der Menschen, die unsere Familien tragen und erhalten; einer der Menschen, die verbinden, was getrennt ist, heilen, was verwundet ist, und tränken, was verdorrt ist.

Fürbitten

Herr Jesus Christus, Du traust uns zu, ein Leben lang treu zu sein und Verantwortung füreinander zu übernehmen. Am Fest der Heiligen Familie bitten wir Dich:

- Für Kinder, die zwischen ihren getrennten Eltern hin- und hergeschoben werden; für Jugendliche, die sich selbst überlassen sind; für alle Opfer zerbrechender Familien und zerstörter sozialer Bindungen. – Christus, höre uns!

- Um Familien, in denen sich einer auf den anderen verlassen kann; in denen Kinder erwünscht sind und Geborgenheit erfahren; in denen die Krisen des Einzelnen aufgefangen und mitgetragen werden; und in denen gemeinsam gebetet wird. – Christus, höre uns!

- Für Väter und Mütter, die da aushalten, wo ihre Liebe zum Kreuzweg wird; und für alle, die ihren Einsatz für den Nächsten mit großen Nachteilen für sich selbst bezahlen. – Christus, höre uns!

- Um Politiker, die sich einsetzen für den Schutz von Ehe und Familie, für mehr soziale Gerechtigkeit und für das Entstehen einer Gesellschaft, in der Kinder wichtiger sind als wirtschaftliche Interessen. – Christus, höre uns!

- Für die Frauen, die auf alle mögliche Weise instrumentalisiert und erniedrigt werden; für Frauen, die mit dem Kind, das sie erwarten, allein gelassen werden; und für die allein erziehenden Mütter und Väter, die allen Widrigkeiten zum Trotz ihrem Kind treu bleiben. – Christus, höre uns!

Herr, Jesus Christus, Du traust uns das Große zu. Du traust Eltern zu, einander treu zu sein. Du hast jeden Einzelnen von uns gerufen, Dich sichtbar zu machen durch die im Alltag durchgehaltene Treue. Sende uns dazu Deinen Geist, in dessen Einheit Du mit dem Vater lebst und herrschest als Gott von Ewigkeit zu Ewigkeit. Amen.

„Abraham glaubte dem Herrn" (Gen 15,6)

Predigt am Fest der Heiligen Familie

Der Brief, den ich Ihnen jetzt vorlesen möchte, ist wirklich geschrieben worden – abgesehen von einigen unwesentlichen Veränderungen meinerseits. Es handelt sich um den Brief einer Mutter an ihre vier ungläubig gewordenen Kinder. Sie hat ihn nach dem Weihnachtsfest geschrieben. Ihr Brief beginnt so:

„Liebe Söhne! Liebe Töchter! Jetzt sind die Weihnachtsferien vorbei, und Ihr alle seid wieder aus unserem Hause ausgeflogen. Es drängt mich, euch einen Gruß nachzusenden. Es war schön, euch ein paar Tage bei uns zu sehen, und auch Vater, der sich sonst so distanziert gibt, taute ja sichtlich auf. Trotzdem, ihr wisst es alle, selten wurde uns so sehr bewusst, dass ein gewisser Graben zwischen uns entstanden ist. Welch schöne Weihnachtsfeiertage haben wir früher alle sechs gemeinsam erlebt! Aber diesmal wolltet Ihr – wie Ihr sagtet – ‚ehrlich' sein. Niemand begleitete uns am Heiligen Abend in die Kirche. Ihr habt bis in den Mittag hinein geschlafen. Vater und ich fragten uns: „Was habt ihr gefeiert?" Doch nicht das Weihnachtsfest! Vielleicht eben nur das fröhliche Wiedersehen. Immerhin ist es ein Wert, wenn Geschwister so wie ihr zusammenhalten, sich einander helfen; wenn sie sich auf anständige Weise durchs Leben schlagen und gute Menschen zu sein versuchen. Aber von einem christlichen Glauben kann man wohl bei keinem von euch mehr sprechen. Ihr habt das ja selbst – wenn auch nur kurz – so gesagt. Natürlich fragen Vater und ich uns nach den Gründen. Ist es das mangelnde Vorbild trotz besten Bemühens gewesen? War der eigene Glaube zu schwach? Führte die allgemeine Kirchenkritik zu dieser Situation? Oder steht hinter dem verloren gegangenen Glauben so etwas wie eine Ich-Steigerung durch Erfolg, Karriere und Geld, also Selbstverwirklichung und Leistungsdenken? Man verliert den Glauben ja nicht wie ein Taschentuch.

Bitte versteht diese Anfrage nicht als Verurteilung! Aber euer Unglaube bewegt uns einfach. Ich möchte euch in diesem Brief – gewiss unbeholfen, gewiss nicht hoch theologisch, aber aus der gelebten Erfahrung – sagen, was für mich Glauben ist.

Wie Ihr wisst, war ich vor langer Zeit Krankenschwester in einem Kriegslazarett. Und zu einer meiner unauslöschlichen Erfahrungen jener schweren Zeit gehört das Erleben einer Frau, die, von den Nazis vereinnahmt, aus der Kirche ausgetreten, ungläubig im wahrsten Sinne des Wortes, dennoch ihren qualvoll sterbenden Sohn mit einer Ausdauer und Hingabe pflegte, die sie selbst förmlich aufzehrte. Ich sagte ihr kurz vor dem Tode ihres Sohnes: ‚Ich bewundere Ihre Haltung.' Da gab sie mit furchtbarer Bitterkeit die Antwort: ‚Ich klammere mich an das verlöschende Leben meines einzigen Sohnes. Aber wenn er tot ist, bin ich auch tot.' – Dieses ungläubige und verzweifelte Wort einer Mutter, die sich nach dem Tod ihres einzigen Kindes selbst das Leben genommen hat, hat mir klar gemacht, was Glaube heißt. Glaube heißt nämlich: einen Halt haben und dadurch in einem Fundament gründen, das Gott und nicht wir selbst gelegt haben."

So weit dieser Hirtenbrief einer Mutter. Vordergründig mag er den Eindruck erwecken, als sei Glauben so etwas wie eine Festung, in die ich mich – wenn's brenzlig wird – zurückziehen kann: ich für mich selbst, für mein Heil, für meine Rettung. Glaube ist ja nicht selten in diesem Sinne missverstanden worden. Denken wir nur an die vielen Lieder, in denen der liebe Gott als feste Burg beschrieben wird. Die Heilige Schrift spricht eine andere Sprache. Da ist – zum Beispiel in der ersten Lesung des Festes, das wir heute feiern – die Rede von dem Glauben des Abraham, der sich zutraut, was Gott ihm zutraut, der das Ungewisse wagt, der sich nicht zurückzieht, sondern auszieht.

Solcher Glaube ist nicht machbar. Man kann ihn niemandem andemonstrieren. Aber er wird uns auch nicht wie durch einen unsichtbaren Trichter von Gott eingegossen. Er wird uns durch Menschen vermittelt, vor allem und zuerst durch unsere Eltern. Von der Mutter, die den eben zitierten „Hirtenbrief" verfasst hat, weiß ich, dass sie durch alle frohen und schweren, ja manchmal pechschwarzen Stunden ihres Lebens hindurch die innere Tapferkeit des Glaubens, des Sichverlassens, des Neuanfangens, des Sich-wieder-Aufrappelns, des Hoffens gelebt hat – ohne viele Worte, ohne Selbstmitleid und Sentimentalität – manchmal gewiss auch mit der Angst des Petrus auf dem Wasser, manchmal gewiss auch mit der klagenden und anklagenden Frage „Warum?"; aber dann doch in dem tiefen Vertrauen, dass Gott da ist.

Diese Mutter war für ihre vier Kinder gewiss so etwas wie die Gnade Gottes. Und es liegt nach meiner festen Überzeugung am wenigsten an ihr und ihrem Mann, wenn die erwähnten vier Kinder nicht mehr glauben. Gnade ist letztlich immer identisch mit der Liebe, die in Jesus Christus Fleisch angenommen hat. Und diese Liebe – so wissen wir – erzwingt nichts. Liebe leidet an der Andersheit der Anderen, besonders dann, wenn es sich um die eigenen Kinder handelt.

Aber auch und gerade dann, wenn die Söhne und Töchter andere als die von ihren Eltern erhofften Wege gehen, bleibt wahr: Was aus einem Menschen wird, das hängt entscheidend davon ab, ob wir das Verschlossene in ihm öffnen.

Der verstorbene Münsteraner Spiritual Johannes Bours schreibt über eine Studentin: „In einem Gespräch mit ihr zeigte sich bald, dass sie unter einem bedrückenden Mangel an Selbstvertrauen litt. Ihre Eltern hatten ihr nie etwas Rechtes zugetraut. Oft hieß es in ihrer Kindheit: Das kannst du doch nicht. Deine Schwester kann das besser! Zum Studieren bist du nicht begabt genug."[17] Die Eltern und Geschwister vergaßen die alte Wahrheit: Was wir für einen Anderen mit ganzem Herzen erhoffen, danach streckt er sich unwillkürlich aus. Da man für dieses Mädchen nicht einmal im eigenen Elternhaus hoffte, fehlte ihr das Positive der Zuversicht, das Nach-vorn-Schauen, der Mut, etwas Neues zu beginnen, und erst recht die Kraft, Begonnenes zu vollenden.

Vielleicht denkt mancher von Ihnen jetzt: Ich habe es aber mit einem Menschen zu tun, mit dem niemand auskommt, der ganz einfach krank oder neurotisch befangen ist. Alle gute Zuwendung, alle gute Zumutung hat ihn nicht verwandelt, hat ihn nicht in gute Wegrichtung bringen können.

Ja, es gibt diese Erfahrung. Selbst von Jesus wird im Neuen Testament berichtet, dass sein gutes Sehen – es heißt da: „Er sah ihn an und gewann ihn lieb" (Mk 10,21) –, den reichen Jüngling nicht zu der Lebensumwandlung brachte, die er von ganzem Herzen für ihn erhoffte und ihm zutraute. Es gibt die Freiheit des Anderen; es gibt das Übergewicht von Verschlossenheit, Befangenheit und Verhärtung.

Und dennoch bleibt wahr: Was aus einem Menschen wird, das hängt entscheidend – wenn auch nicht allein! – davon ab, ob wir ihn buchstäblich öffnen durch unser Glauben, Hoffen und Lieben.

Wenn mein Sehen und meine Hoffnung zu dem Anderen hin gut sind, dann darf ich darauf vertrauen, dass sich Gottes Hoffen mit dem meinigen verbündet. Es gibt eine Zuwendung, die so töricht ist, dass Paulus von ihr zu schreiben wagt: „Alles hofft sie!" (1 Kor 13,7). Wie ein „Tor" glaubt sie daran, das Gute auch da noch zu ermöglichen, das Verschlossene auch da noch zu öffnen, wo man gewöhnlich Hopfen und Malz verloren sieht.

Die Heilige Schrift kennt eine ganze Reihe von Heilungen, die man unter die Kategorie der „Effata-Texte" fassen kann. Gemeint ist nicht nur die Erzählung von dem Taubstummen, den Christus mit dem Ruf „Effata! – Öffne Dich!" erlöst; oder die Erzählung von dem blinden Bettler Bartimäus. Nein, dazu zählt auch die Geschichte vom „Verlorenen Sohn". Vielleicht wird mancher einwenden: „Ja, gut und schön. Bei diesem verlorenen Sohn war ja schon Einsicht vorhanden; sonst wäre er ja nicht umgekehrt. Aber bei dem Menschen, mit dem ich es tagtäglich zu tun habe, da fehlt jede Einsicht und erst recht jede Umkehr. Wie sollte ich da hoffen können, dass es noch einmal zu einer Öffnung, zu einem ‚Effata'-Ereignis, zu einer Wandlung, kommt?"

Es mag so sein! Und doch mutet uns die Heilige Schrift die Hoffnung wider alle Hoffnung zu! Weihnachten ist das Fest der Inkarnation, auch das Fest der inkarnierten Hoffnung. Die so genannten „Effata"-Evangelien wollen uns ermutigen. Und sie wollen uns an die Tatsache erinnern, dass wir selbst immer wieder verschlossen, taub oder blind sind. Jeder von uns kennt die Redensart: „Den oder die kann ich nicht mehr sehen!" So weit kann unsere Blindheit gehen. Manchmal merken wir nicht einmal mehr, dass wir blind und taub und stumm werden. Menschen, mit denen wir im Beruf Jahre lang zusammen sind, Nachbarn, mit denen wir Wand an Wand wohnen – wir haben sie vielleicht noch nie wirklich wahrgenommen. Ihre Gesichter und ihre Schicksale sind uns gleichgültig geblieben. Deshalb hat jeder von uns Grund zu dem Gebet: „Herr, lass mich sehen, dass es einen Ausweg gibt, dass es weitergeht, dass es eine Hoffnung gibt, dass du da bist. Lass mich sehen, dass das Licht stärker ist als die Finsternis in unserer Welt, dass das Böse nicht triumphiert, dass es endlich Frieden gibt unter uns. Und vor allem, Herr, lass mich den Menschen wahrnehmen, dem ich zum Nächsten geworden bin. Effata! Herr, öffne mich! Öffne meine Augen für das Antlitz des Anderen in seiner offenen oder verborgenen Not! Amen."

Fürbitten

Herr Jesus Christus, Du hast uns den Glauben geschenkt, der Berge versetzen und Mauern durchbrechen kann. Du hast uns Grund gegeben zu einer Hoffnung, die stärker ist als der Tod.

- Wir tragen vor Dich: die Menschen, die gehofft hatten und die enttäuscht wurden; die Menschen, die nicht mehr weiterwissen; die Menschen, die zusammenbrechen unter dem Dunkel ihrer Seele, unter Einsamkeit, unter Depressionen, unter verweigerter Liebe oder verweigerter Zukunft. – Christus, höre uns!

- Wir tragen vor Dich: die Eltern, die für ihr Sorgenkind alles versucht, alles ertragen, alles erhofft haben, und die nun verzweifelt sind; besonders jene unter ihnen, die sich etwas nie verzeihen können, die vergangenen Möglichkeiten nachtrauern und keinen Ausweg sehen. – Christus, höre uns!

- Wir tragen vor Dich: die Kinder, die schon im Mutterleib unerwünscht sind; die Söhne und Töchter, die von ihren Eltern nie geliebt wurden; die jungen Menschen, die sich nicht bejahen können, weil sie nicht bejaht wurden, die sich selbst nichts zutrauen, weil sie niemand ermutigt hat. – Christus, höre uns!

- Wir tragen vor Dich: die Väter und Mütter, die Erzieher und Lehrer, die Ärzte und Therapeuten, die tagtäglich neu und bis zur eigenen Erschöpfung Mut machen zum Leben, Selbstvertrauen wecken und neue Wege auch da bahnen, wo alles verschlossen und ausweglos scheint. – Christus, höre uns!

Herr Jesus Christus, am Fest der Heiligen Familie bitten wir Dich um Familien, in denen Kinder vertrauen und beten lernen; um Eltern, die vorleben, wozu sie ihre Söhne und Töchter erziehen; um Erzieher, die ihren Schülern helfen, Deinen Willen zu erkennen; um die Gabe der „Unterscheidung der Geister" und um den Mut, „Ja" zu sagen, wenn Du uns zutraust, Werkzeuge Deines Glaubens, Hoffens und Liebens zu werden. So bitten wir Dich, der Du mit dem Vater in der Einheit des Heiligen Geistes lebst und herrschest als Gott von Ewigkeit zu Ewigkeit. Amen.

„Die Schätze der Völker kommen zu dir" (Jes 60,5b)

Predigt am Hochfest der Erscheinung des Herrn

Was wir Weihnachten gefeiert haben, betrifft nicht nur uns, die schon Gläubigen, sondern im wahrsten Sinne dieses Wortes alle Menschen aller Zeiten. Was da vor zweitausend Jahren vor den Toren Betlehems geschehen ist, hat universale Bedeutung. Deshalb gehört das Fest der Erscheinung so untrennbar zum Weihnachtsfest wie die Mission zum Christentum.

Da ist in den Lesungen, die wir soeben gehört haben, die Rede von den Völkern, die zum Licht des neu geborenen Königs wandern (Jes 60,3); und davon, dass jedes dieser Völker die eigenen Schätze zu ihm, dem Kind von Betlehem, bringt (Jes 60,5f). Da ist die Rede von den Heiden als den Miterben der in Jesus Christus geschenkten Verheißung (Eph 3,6). Und da ist die Rede von dem Licht, das alle an sich zieht, und von dem Stern, der die Könige zur Krippe führt (Mt 2,2).

Kurzum: Wir feiern das Kind von Betlehem als den Herrn der ganzen Schöpfung, als das Alpha und das Omega jedes einzelnen menschlichen Lebens und der Geschichte in ihrer Gesamtheit. Wir erkennen in diesem Kind Gott selbst.

Das Fest der Erscheinung des Herrn ist ein Programm. Für dieses Programm gibt es in unserem Glaubensbekenntnis eine einzige kurze Bezeichnung: nämlich das aus dem Griechischen stammende Attribut „katholisch".

Für viele ist es ein Reizwort. Manche lassen dieses Wort, wenn sie das Credo mitbeten, einfach durch die Maschen fallen; sie blenden sich aus, wenn es da heißt: „Wir glauben an die eine, heilige, katholische und apostolische Kirche."

Aber es steht nun einmal in dem Text des Glaubensbekenntnisses, der uns auch mit den von Rom getrennten Christen verbindet. Allerdings haben die Kirchen der Reformation das aus dem Griechischen abgeleitete Attribut „katholisch" nicht stehen lassen, sondern mit „allgemein" oder „christlich" oder „allgemein christlich" übersetzt.

Das Wort „katholisch" scheint belastet, und zwar mit manchem, was es ursprünglich gar nicht sagen will. Viele empfinden bei diesem Wort so etwas wie Enge, Abgrenzung, Intoleranz, Vereinnahmung und Inquisition. Tausend Ängste, tausend Erinnerungen – auch an schlechte Erfahrungen zwischen den Konfessionen – werden an das Attribut „katholisch" geheftet. Für viele heißt „katholisch" nur das eine: „römisch-katholisch"; denn so steht es ja auch auf der Lohnsteuerkarte. Für andere bedeutet es die Eigenart des eigenen Milieus, sei dieses nun „kölsch-katholisch" oder „bayrisch-katholisch". Wer kennt schon die richtige Übersetzung für dieses griechische Wort? Und wer gibt dem, was man im Wörterbuch nachschlagen kann, den richtigen Klang? Das griechische Urwort „kath'holon" bedeutet so viel wie „auf das Ganze hin". Es bezeichnet also gerade nicht die Eigenart des eigenen Milieus, sondern das exakte Gegenteil. Die Protestanten kommen der eigentlichen Bedeutung mit ihren Übersetzungsversuchen jedenfalls näher als die Interpretationen vieler Katholiken. Aber auch die Übersetzung „christlich" oder „allgemein christlich" trifft nicht den Originalton des Credos. Dass die hier zu bekennende Kirche „christlich" ist, versteht sich von selbst; das muss nicht eigens gesagt werden. Und „allgemein", – das klingt zu sehr nach „Allgemeinplätzen", und davon gibt es im Binnenraum der Kirchen schon allzu viele. Ich denke dabei vor allem an zwei dieser Allgemeinplätze. Der eine lautet: „Wir sind ja doch alle Christen!" Und der zweite: „Wir glauben ja doch alle an den gleichen Herrgott!" Beides klingt vordergründig so unwahrscheinlich tolerant. In Wirklichkeit verbirgt sich hinter solchen Floskeln kein echter Respekt vor dem Andersdenkenden oder Andersglaubenden, sondern eine Gleichgültigkeit, die den Glauben zur Privatsache erklärt und nach dem

Motto „Jedem das Seine!" in den Schrebergarten des Einzelnen verbannen will.

Natürlich ist der Glaube einerseits eine allerpersönlichste Angelegenheit. Denn die Entscheidung für Christus nimmt mir niemand ab: kein Papst, kein Bischof, nicht die Eltern, nicht die Freunde, erst recht nicht die statistische Mehrheit. Aber das bedeutet doch nicht, Glauben sei Privatsache. Im Gegenteil: Jeder, dem sein Glaube im wahrsten Sinne dieses Wortes „lebenswichtig" ist, möchte diesen Glauben mitteilen und sehnt sich nach Menschen, die seine Überzeugungen teilen. Deshalb gehört die Katholizität – d. h. die Bezogenheit auf alle Anderen – zum Glauben des Einzelnen wie das Wasser zur Taufe. Niemand kann privat oder für sich selbst Christ sein. Erst dann beginne ich Christ zu werden, wenn ich das Eigene für das Ganze öffne, wenn ich das Wenige, das ich verstanden habe, den anderen mitteile, wenn ich mich – und mag ich mir noch so unbedeutend vorkommen – einbringe in die Kirche.

Ist nicht vieles in unserer Kirche so lahm, so kalt, so leb- und lieblos, weil es so viele – allzu viele! – gibt, die nach der Parole leben: „Mein Glaube ist Privatsache"? Ich jedenfalls fühle mich einem, mit dem ich über Inhalte meines Glaubens streiten kann, viel näher als einem, der Religion zur Privatsache erklärt und dem gleichgültig ist, was ich denke, wenn ich ihn nur meinerseits in Ruhe lasse mit meinem Glauben. Streiten muss nicht dasselbe sein wie Zank und Entzweiung. Zank und Entzweiung sind niemals „katholisch", wie Paulus in seinem Brief an die zankenden Korinther schreibt. Aber man kann auch im guten Sinne miteinander „streiten" und „raufen". Man kommt sich dabei nicht unerheblich näher.

Der Heilige Geist ist Beziehung, und zwar so, dass er die Differenz derer, die zueinander in Beziehung treten, nicht aufhebt, sondern wahrt. Der Heilige Geist ist nur da, wo die Andersheit des Anderen anerkannt wird – was nicht heißt, dass sie nicht befragt und herausgefordert werden darf. Wenn wir wirklich „katholisch" wären, dann würden wir unsere Einsichten aufeinander prallen lassen, würden „streiten" können „im Heiligen Geist". Es würde „funken" zwischen uns. Es wäre Leben in der Kirche.

Ich weiß, dass manche sich besonders „katholisch" vorkommen, wenn sie sagen: „Das habe ich so gelernt, und dabei bleibe ich; da ‚lasse ich nichts darauf kommen'." Brav ist das, aber nicht katholisch! Jesus würde das „Kleinglauben" nennen.

Das Gegenteil von „katholisch" ist nicht „evangelisch", sondern „häretisch". Auch das Wort „Häresie" kommt aus dem Griechischen; und es bedeutet wörtlich übersetzt nicht „Irrlehre", sondern: „Ich suche mir etwas aus. Ich wähle aus dem Ganzen das aus, was mir passt." Jede Häresie lebt, genau genommen, von dem Funken Wahrheit, der in ihr steckt. Die berühmten Häretiker haben durchaus nicht immer Falsches verkündet. Meistens haben sie eine richtige Erkenntnis an die Stelle des Ganzen gesetzt (sie verabsolutiert). Sie waren nicht mehr offen für das Ganze, nicht mehr „katholisch".

Das Fest der Erscheinung des Kindes von Betlehem als des Erlösers der Welt ist ein Programm. Und dieses Programm heißt *Katholizität,* und zwar nach innen und nach außen. Es geht um ein immer umfassenderes Verstehen Jesu Christi durch den einzelnen Gläubigen. *Und* es geht auch um die immer umfassendere Einbeziehung derer, die nicht oder noch nicht an Christus glauben. Alle Völker und alle Schätze dieser Welt sollen zu Christus getragen werden. Katholisch sein heißt: *Ganz und gar alles und jedes auf Christus beziehen.*

Das ist keine Überforderung, im Gegenteil: Das kann ganz klein beginnen.

Schauen wir nur zurück auf den Anfang, auf die Krippe von Betlehem! Sehen wir uns diesen Anfang an als das, was er ist! Und schauen wir auf die Elite, mit der der dreißigjährige Zimmermannssohn aus Nazaret seine Mission beginnt. Jeder erfährt es gleich zu Beginn des Evangeliums: Einer, nämlich Judas Iskariot, wird ihn verraten. Und die anderen Elf? Wahrhaftig keine Tugendbolde und Intelligenzbolzen, keine Genies und Überflieger, aber Menschen, die verstanden haben, dass Christus sie – ausgerechnet sie! – gerufen hat. Stellen wir uns diese Handwerker vom See Gennesaret vor Augen und hören wir im Blick auf diese elf Gestalten den Sendungsauftrag: „Gehet ihr hinaus bis an die Grenzen der Erde und lehret alle Völker und taufet sie im Namen des Vaters und des Sohnes und des Heiligen Geistes!" (Mt 28,19). Aus solchen Anfängen entstand die größte Revolution, die die Menschheit je

112

erlebt hat. Durch allen Schlamm menschlicher Schuld und selbst durch Pervertierungen des Glaubens hindurch haben Menschen in dieser Kirche millionenfach ihre Liebe und ihr Leben eingesetzt, sind Sauerteig einer neuen Menschheit geworden, Pioniere der Nächstenliebe und der sozialen Tat, Propheten der Versöhnung und des Friedens, Märtyrer der Wahrheit und der Menschenwürde. Die Kirche besteht aus Menschen, die stets Kinder ihrer Zeit, Kinder eines notwendig beschränkten Horizontes sind; aber auch aus Menschen, denen Christus das Große zutraut – z.B. einen Weg, wie ihn die Weisen aus dem Morgenland gegangen sind – allen Widerständen zum Trotz.

Erst seit einigen Jahrzehnten ist die Vorstellung verschwunden, ein Feuerländer müsse die lateinische Messe genauso lesen wie ein Eskimo. Für den Zelebranten ist es natürlich ein tolles Heimatgefühl, wenn er in Hongkong weitermachen kann wie in Köln. Aber wie längst sichtbar wird, sind die Weichen auf diese Weise allzu lange falsch gestellt worden, bahnt sich erst heute der Durchbruch an, in dem die farbigen Völker sich die Liturgie der Kirche zu Eigen machen und das Evangelium in den Kategorien ihrer Traditionen, Ausdrucksformen, Symbole und Riten verstehen. Hier wird das Römische endlich katholisch. Wir sind mit der Erfüllung des Auftrags, den Herrn überall zur Erscheinung kommen zu lassen, wir sind mit dem Programm der fortschreitenden Katholizität des Christentums noch längst nicht am Ende. Bunt wie der Zug der Weisen aus dem Morgenland bringen die Völker ihre Schätze mit in die große Prozession der Hoffnung.

Anfangen allerdings muss jeder Einzelne mit dem besagten Programm bei sich selbst. Vor aller Mission nach außen steht die je größere Katholizität des Einzelnen. Es geht, wie schon gesagt, nicht darum, dass wir unsere Eigenart, unsere ganz persönliche Sicht des Glaubens aufgeben. Es geht vielmehr um das Öffnen dieses Eigenen für das Ganze. Ich finde es gut und befreiend, dass wir nicht alle die gleiche Schuhgröße haben, dass wir kein Verein sind, in dem alle sich so furchtbar mögen und alle dasselbe sagen, sondern dass wir so aufregend unterschiedlich sind. Mir stehen da zwei Brüder vor Augen – grundverschieden: der eine Lehrer, der andere Arzt. Der eine neigt mehr zu den Grünen, der andere ist stockkonservativ. Was hat es da in Diskussionen oft gekracht! Der Lehrer – einfach aus der ständigen Begegnung mit jungen Leuten heraus – kritisiert die Institution und die Anonymität der Volkskirche, plädiert für die Basis, für die Demokratisierung der Strukturen, für ein Christentum der Glaubwürdigen und eine wörtliche Auslegung der Bergpredigt. „Kirchenträume" könnte man sein Plädoyer überschreiben. Frage: Soll er diese Träume nicht träumen? Ist es nicht gut, wenn er in Frage stellt und nach Alternativen sucht? – Ganz anders der Bruder: Ein Verächter allen Schwärmertums; einer, der täglich den Querschnitt der Menschheit in seiner Praxis sieht und gerade dies so großartig an seiner Kirche findet, dass sie auch den letzten Zaungast und armen Sünder hinter der Säule und am Weihwasserbecken ernst nimmt. Frage: Hat nicht auch er Recht? Sind nicht beide Brüder auf eine köstliche und unentbehrliche Weise katholisch? Nicht auszudenken, wenn jeder, der sich „katholisch" nennt, das Seine einbringen würde wie diese beiden Brüder – heftig miteinander ringend, diskutierend und im guten Sinne streitend!

Wo jeder Einzelne von uns das Programm der fortschreitenden Katholizität realisiert, da hat das Weihnachtsfest Hand und Fuß bekommen, da ist das Wort Fleisch geworden, da kann Christus zur Erscheinung (zur Epiphanie) kommen.

Fürbitten

Herr Jesus Christus, Du willst Dich durch uns und in uns als das Licht der Völker erweisen. Du willst in unseren Taten und Worten erscheinen. Du bist das Ziel aller Wege. Wir bitten Dich:

- Für die pilgernde Kirche, besonders für die Menschen, die ihre Berufung suchen und noch nicht gefunden haben, und für die Anderen: dass sie neu aufbrechen und dem Weg folgen, den Du ihnen zeigst. – Christus, höre uns!

- Für die Menschen, die sich verirrt haben; und für die, die verführt wurden, besonders für die vielen Opfer von Fanatismen, Ideologien und Utopien. – Christus, höre uns!

- Für die Mächtigen dieser Erde; für alle, deren Führung viele Menschen anvertraut sind; besonders für die Politiker unseres Landes und für die Amtsträger unserer Kirche. – Christus, höre uns!

- Für die Völker der so genannten Dritten Welt: dass sie Heimat finden in einer wahrhaft katholisch gewordenen Kirche; und für uns Europäer, dass wir das Evangelium nicht mit unserer Eigenart verwechseln. – Christus, höre uns!

- Für uns selbst: dass wir die Schätze, die Du uns geschenkt hast, für Deine Kirche fruchtbar machen; dass wir nicht stehen bleiben und uns einrichten, sondern immer wieder aufbrechen und den Stern erkennen, den Du über das Leben eines jeden von uns gestellt hast. – Christus, höre uns!

Herr, brich unsere Enge auf, damit Deine Herrlichkeit in uns erscheinen kann! Schenke unserer Hoffnung Hände, die heilen, was verwundet ist. Und sende uns den Geist, in dessen Einheit Du mit dem Vater lebst und herrschest als Gott von Ewigkeit zu Ewigkeit. Amen.

„Und Jesus ließ sich von Johannes im Jordan taufen" (Mk 1,9)

Predigt am Fest der Taufe des Herrn

Das Fest der Erscheinung des Herrn ist nicht auf das *Fest der Heiligen drei Könige* beschränkt, sondern umfasst von alters her auch die Erinnerung an die *Taufe Jesu im Jordan* und die Erinnerung an den Beginn der öffentlichen Wirksamkeit, an die *Hochzeit zu Kana*. Denn das Erscheinen bzw. Offenbarwerden des Kindes von Betlehem als des Herrn und Erlösers aller Menschen geschieht nicht nur da, wo die Völker aller Himmelsrichtungen zur Krippe eilen. Ebenso exemplarisch ereignet sich die Epiphanie in jener Szene am Jordan, in der Jesus zum Sohn Gottes proklamiert wird (Mk 1,7–11). Und dort, wo Jesus sich als Geber jenes Weines erweist, der von den Propheten als Symbol der Hochzeitsfeier des Messias mit seinem Volk Israel verheißen ist (Joh 2,1–12).

Wenn man die Tiefe des *Festes der Taufe Jesu* verstehen will, muss man vor allem und zunächst der Frage nachgehen, warum denn der, der *gänzlich ohne Sünde* ist, sich in die Reihe jener Anderen einreiht, die sich vor Johannes dem Täufer als Sünder bekennen.

Die Kirche hat – das beweist ihre Taufpraxis – von Anfang an erkannt, dass in der Taufszene am Jordan offenbar (epiphan) wird, warum Jesus der Retter aller Menschen aller Zeiten ist. Die Kirche hat von Anfang an erkannt, dass hier der Eine, der ohne Sünde ist, die Sünden der Sünder auf sich lädt.

Aber – geht das eigentlich: Kann einer die Sünden des Anderen auf sich laden?

Natürlich kann ich, wenn ein Anderer etwas „ausgefressen" hat, die ihm zukommende *Strafe* auf mich nehmen. Aber kann ich auch seine *Schuld* auf mich nehmen?

Vielleicht dann, wenn die Schuld des Anderen ein Geldbetrag ist. Aber wenn die Schuld dieses Anderen darin besteht, dass er einen Menschen verraten, verleumdet, vielleicht sogar ermordet hat?

Dann ist diese Schuld doch durch alles Geld der Welt nicht zu bezahlen. Und dann ist doch auch Gott im Spiel, gegen dessen Gebot sich der Verräter, Lügner oder Mörder versündigt hat.

Also noch einmal die Frage: Nimmt Jesus – der ganz und gar Sündlose – mit seiner Taufe im Jordan die Sünden der Sünder auf sich?

Hinter dieser Vorstellung steht doch – so darf man vermuten – das Bild von dem Gott-Vater mit den zwei Waagschalen: in der einen Schale die Verdienste der Menschen, in der anderen Schale ihre Schuld. Frage: Ist Gott-Vater wie ein Richter, der jede (auch die furchtbarste!) Schuld wie einen Geldbetrag verrechnet und eine entsprechende Bezahlung – von wem auch immer! – fordert? Ist es diesem Richter gleichgültig, ob der Schuldige ein neuer Mensch wird oder nicht, wenn nur die ausstehende Rechnung bezahlt wird, und sei es durch den stellvertretenden Kreuzestod des eigenen Sohnes?

Im frühen Mittelalter haben Theologen die Frage, warum Gott überhaupt Mensch geworden ist, mit der These beantwortet, die unendliche Schuld des Menschen seit Adam habe nur durch ein unendlich großes Verdienst ausgeglichen werden können. Also habe der Sohn Gottes Mensch werden müssen, um mit seinem stellvertretend erlittenen Kreuzestod die Schulden der Sünder beim Vater zu bezahlen.

Eine furchtbare Vorstellung! Denn was ist das für ein Vater, der dem Sünder seinen Sohn wie ein Zahlungsmittel in die Hand drückt, damit der seine Ehre wiederherstellen kann? Wenn der Sünder nicht selbst zum Sohn wird, was nutzt es dann, dass er sich der Sohnschaft Jesu

Christi wie eines Geldstücks bedient? Und überhaupt: Wie kann Gott-Vater zulassen, dass der Sünder seine Schuld mit den Verdiensten des unschuldigen Sohnes bezahlt?

Diese so genannte „Satisfaktionstheorie" hat in den Köpfen der Gläubigen vieler Jahrhunderte Ungeheures angerichtet. Denn unzählige Menschen haben vor allem unter ihrem Einfluss geglaubt, der Vater habe auf dem Kreuzestod eines Unschuldigen (seines ihm wesensgleichen Sohnes!) bestanden, damit die ausstehende Rechnung (die nicht beglichene Schuld der Sünder) – von wem auch immer! – beglichen wird. Daraus resultiert dann jene Opfer-Frömmigkeit, die Gott ängstlich als jenen ausgezeichneten Rechner betrachtet, dem man für alles einen angemessenen Preis bezahlen muss. Jede Sünde zieht unweigerlich eine ihrer Schwere entsprechende Strafe nach sich oder muss durch ein äquivalentes Verdienst – z.B. durch einer Spende oder eine Wallfahrt oder ein Gelübde – gesühnt werden.

Nein! – Der Sohn Gottes ist nicht deshalb Mensch geworden, weil Gott-Vater für die unendliche Schuld der Sünder ein unendliches Verdienst als äquivalente Genugtuung gefordert hat. Im Gegenteil! Der *Vater selbst* setzt sich in seinem Mensch gewordenen Sohn den Folgen der Sünde aus. Es geht um das Drama zwischen der Liebe des dreieinen Gottes und der pervertierten Freiheit des Sünders. Der Vater, der sich in seinem Sohn geoffenbart hat, setzt sich mit keinen anderen Mitteln als denen der wehrlosen Liebe durch. Er zwingt den Sünder nicht zur Versöhnung. Aber überlässt ihn auch nicht sich selbst. Er geht ihm nach bis zur Konsequenz des Kreuzes.

Weil Gott selbst in Jesus Christus dahin geht, wo die Sünde ist, kommt es mit dem Geschehen von Golgota zum „Aufprall"[18] (Hans Urs von Balthasar) der Sünde auf deren unbedingtes Gegenteil, auf die göttliche Liebe.

Damit ist die Frage beantwortet, warum der sündlose Jesus sich in die Reihe der Sünder vor dem taufenden Johannes einreiht. Er will die Liebe seines Vaters dahin tragen, wo die Sünder sind. Er will und kann die Sünder nicht zur Umkehr zwingen. Denn Liebe – zumal wenn sie unbedingt und absolut ist – erzwingt nichts. Aber die Liebe des Vaters zu seinem verlorenen Sohn hört niemals auf. Sie setzt sich lieber seinem kreuzigenden Hass aus als ihn aufzugeben. Jesus ist nicht deshalb gekreuzigt worden, weil der Vater das Kreuz seines Sohnes als Sühne für die Sünden der Sünder wollte. Was der Vater wollte, war nicht das Kreuz des Sohnes, sondern die Befreiung des Sünders aus dessen selbst geschaffener Hölle.

Wir feiern am Fest der Taufe des Herrn die Epiphanie (Erscheinung) jener Liebe, die sich eher kreuzigen lässt, als den Sünder aufzugeben. Wir feiern am Fest der Taufe Jesu die Epiphanie des Herrn an der Stelle, wo es in dieser Welt am dunkelsten ist, an der Stelle, wo die Sünde herrscht. Weil der ganz und gar Sündlose an die Stelle tritt, wo Johannes der Täufer die Sünder empfängt, leuchtet dort am Jordan wie in einer großen Ouvertüre der Glanz des Ostergeschehens auf.

Wir erinnern uns am Fest der Taufe Jesu auch an unsere eigene Taufe. Denn in diesem Ereignis haben wir nicht nur Anteil erhalten an der Gemeinschaft Jesu Christi mit dem Vater, sondern auch an seiner Sendung zu den Menschen. Wer das Sakrament der Taufe empfängt, empfängt nicht nur ein Geschenk, sondern auch einen Auftrag. Im Geschehen der Taufe wird deutlich, was der biblische Bund zwischen Gott und Mensch eigentlich bedeutet: nämlich, dass Gott des Menschen bedürfen will, den er beschenkt.

Die Taufe ist heilsnotwendig; dies aber nicht für jeden einzelnen Menschen. Denn andernfalls würden vier Fünftel der Menschheit nicht zum Heil gelangen. Nein, die Taufe ist heilsnotwendig, weil niemand zum Heil gelangen kann, ohne dass es die Werkzeuge Christi in dieser Welt gibt; und das eben sind die getauften Christinnen und Christen. Denn sie haben mit der Taufe nicht nur etwas für sich selbst empfangen; nein, sie sind auch Sakramente Jesu Christi geworden, d. h. je einmalige Mittel und Werkzeuge des Erlösers zur Heimholung ihrer Brüder und Schwestern.

Jedes Sakrament, das wir empfangen, ist auch Tauferneuerung. Dies leuchtet unmittelbar ein bei den so genannten Standessakramenten:

Wer gefirmt wird, nimmt das Geschenk seiner Berufung zum je einmaligen „Für-Sein für die Anderen" an; er lässt sich öffentlich vor dem Bischof als einem der Repräsentanten der Gesamtkirche zum „Sohn (zur Tochter) im Sohn" proklamieren. Wer gefirmt wird, bekennt sich zu dem, was Eltern und Paten in der Stunde der Taufe stellvertretend bejaht und versprochen haben. Wer gefirmt wird, will *sein*, was er *empfängt*: ein Sakrament.

Wer die Ehe schließt, empfängt nicht nur das unbedingte Ja-Wort des Erlösers, sondern wird auch Geber dessen, was er empfängt. Die beiden Brautleute sind Sakramente der unbedingten Treue Gottes füreinander, für ihre Kinder und ganz sicher auch für eine Gesellschaft, in der alles austauschbar und ersetzbar scheint.

Wer die Priesterweihe empfängt, weiß, dass Christus ausgerechnet seiner bedürfen will, um die Menschen in seine Communio zu rufen. Die Priesterweihe empfängt man nicht für sich selbst, sondern für die Anderen. Wer Priester wird, muss erfahren haben, dass Christus auch die eigene Armseligkeit fruchtbar machen kann, wenn man sie ihm überlässt.

Selbst das Bußsakrament darf nicht heilsindividualistisch missverstanden werden. Vergebung empfangen kann man auch auf nichtsakramentale Weise; wer aber das Sakrament der Versöhnung empfängt, ist bereit, handelnd zu bezeugen, was er selbst empfangen hat.

Ähnliches gilt für die Krankensalbung, die wohl am gründlichsten privatisiert und somit ihres sakramentalen Charakters beraubt wurde. Natürlich wird der Gott, der die Liebe ist, sich dem Gebet eines Kranken um Heilung nicht verschließen; und natürlich kann Gott auch auf nichtsakramentale Weise dem Kranken seine Nähe schenken. Wer darüber hinaus das Sakrament der Krankensalbung empfängt, will durch und mit Christus die ihn zerstörende Krankheit so annehmen, dass ihre Sinnlosigkeit unterfasst und also zu einem Zeichen (Sakrament) der Hoffnung für alle wird, die keine Hoffnung haben.

Wir empfangen die Sakramente nicht nur – aber auch! –, um auf je einmalige Weise ein Sakrament Jesu Christi *sein* zu können. Und wir empfangen besonders häufig die Eucharistie, weil sie das Sakrament der inkarnatorischen Selbsthingabe des Erlösers und also die *Quelle* unserer eigenen Sendung ist. Wenigstens einmal im Jahr, am Gründonnerstag, erinnert die Kirche in aller Ausdrücklichkeit an die Untrennbarkeit der eucharistischen Communio von der Fuß waschenden Liebe zum Nächsten. So wird deutlich, dass niemand den Auferstandenen „für sich haben" kann, ohne seine alles unterfassende Inkarnation mit zu vollziehen. Vor diesem Mitvollzug steht das Empfangen. Doch wer in Taufe, Firmung und Eucharistie dem bis an das Kreuz herabgestiegenen Sohn „zugesellt" (Ignatius von Loyola) wird, pervertiert die ihm geschenkte Communio, wenn er sie nicht im Blick auf die so genannten anderen Brüder und Schwestern lebt.

Kurzum: Wo jeder Einzelne von uns beginnt, das, was er in den Sakramenten empfangen darf, in seinem Alltag zu bezeugen, da hat sie schon begonnen: die Erscheinung (die Epiphanie) der Herrlichkeit des Herrn.

Fürbitten

Herr Jesus Christus, Du hast im Ereignis der Taufe unsere Sünden getilgt und uns das Leben geschenkt, das im Tod nicht stirbt. Du hast uns Dich selbst geschenkt und mit diesem Geschenk auch einen Auftrag. Wir sollen sein, was wir in der Taufe empfangen haben.

- Du bist das Licht der Welt: Wer Dich aufnimmt, wird selbst zum Licht für andere. Wir bitten Dich: Schicke den Menschen, die ohne Sinn und Orientierung leben, Christinnen und Christen, die Licht in ihre Dunkelheit tragen! – Christus, höre uns!

- Du bist das Brot des Lebens: Wer davon isst, darf sein, was er empfängt. Wir bitten Dich um missionarische Gemeinden, die mitteilen, bezeugen und ausstrahlen, was sie in der Eucharistie empfangen! – Christus, höre uns!

- Du bist der Weinstock: Wer in Dir bleibt und in wem Du bleibst, der bringt reiche Frucht. Wir bitten Dich für die jungen Menschen unserer Gemeinde, die in diesem Jahr zur ersten heiligen Kommunion geführt werden, und für die Jugendlichen, die das Sakrament der Firmung empfangen werden. – Christus, höre uns!

- Du bist der Weg: Wer Dir folgt, kommt zum Ziel. Wir bitten Dich um Väter und Mütter, Lehrer und Seelsorger, die zu Wegweisern werden für die ihnen anvertrauten Menschen und besonders auch für alle, die sich verirrt haben. – Christus, höre uns!

● Du bist die Tür: Durch Dich gelangen wir zum Vater. Wir bitten Dich für die Menschen, die an ihr Bett gefesselt sind; für die Menschen, deren Schwäche stärker scheint als ihre Hoffnung; für Menschen, die nicht mehr leben wollen; für Menschen, die nicht nur krank, sondern auch süchtig sind; für alle, die um ihren nahen Tod wissen, für die unter ihnen, die loslassen können; und für die, die Angst haben. – Christus, höre uns!

Herr Jesus Christus, erfülle uns mit dem Heiligen Geist, der uns mit Dir und untereinander verbindet. Schenke uns den Mut, mit Hand und Fuß, mit Wort und Tat darzustellen, was wir in den Sakramenten von Dir empfangen. So bitten wir Dich, der Du mit dem Vater in der Einheit des Heiligen Geistes lebst und herrschest als Gott von Ewigkeit zu Ewigkeit. Amen.

„Das ist der Sieg, der die Welt besiegt hat: unser Glaube" (1 Joh 5,4b)

Predigt am Fest der Taufe des Herrn

Wir haben Weihnachten gefeiert. Wir haben das Kommen Gottes in unsere Welt und Zeit gefeiert. Und wir haben uns am Fest der Erscheinung des Herrn (Epiphanie) daran erinnert, dass das Ereignis der Menschwerdung Gottes ein Geschenk ist, das wir bezeugen, weiterreichen, in alle Welt tragen sollen. Denn wir sind nicht nur für uns selbst getauft und gefirmt worden, sondern mindestens ebenso sehr für die so genannten Anderen. Jeder getaufte und gefirmte Christ, jede getaufte und gefirmte Christin kann das sein, was wir am 6. Januar gefeiert haben: Erscheinung des Herrn. Daran erinnert uns der letzte Sonntag der Weihnachtszeit, das Fest der Taufe des Herrn.

Soeben haben wir in der Lesung aus dem ersten Johannesbrief das Bekenntnis gehört: „Das ist der Sieg, der die Welt besiegt hat, unser Glaube" (1 Joh 5,4b).

Ein Glaube, von dem solches gesagt wird, ist sicher keine abgestandene Kommode auf dem Dachboden, kein Formelkram, kein Register von toten Regeln und Lehrsätzen, und erst recht keine bloße Saisonbeschäftigung oder Verzierung bestimmter Festtage; auch kein Bunker zum Verkriechen.

Viele von den heranwachsenden jungen Leuten, die den Glauben über Bord werfen, wollen sich vermutlich nicht von einem Glauben trennen, der das Leben trägt, wohl aber von der abgestandenen Kommode, von dem bloßen Ritual, von Fassaden ohne Inhalt.

Ich sehe das nicht nur negativ. Gewiss, wenn junge Leute etwas über Bord werfen, was – wie sie so gern sagen – nur Theater, nur äußerliches Getue, nur Fassade ist, dann haben sie sich von etwas getrennt, aber deshalb noch nichts gefunden, was ihr Leben trägt.

Wenn heute – zum Beispiel! – viele junge Menschen keine kirchliche Eheschließung mehr wollen, dann kann das doch auch daran liegen, dass sie nie erlebt haben, was eine sakramentale Ehe ist: eine Ehe, die auf dem lebendigen, also betenden Glauben zweier Menschen beruht. Wo ist das denn greifbar, sichtbar, erlebbar, dass sich zwei Eheleute eben nicht nur auf sich selbst verlassen, sondern mehr als auf sich selbst auf Jesus Christus?

Oder nehmen wir das Sonntagsgebot: Haben Kinder über die Jahre ihrer Erziehung hinweg das Empfinden gehabt: Unsere Eltern sind nicht nur getauft und gefirmt, nein, sie leben auch ihre Taufe und ihre Firmung; sie leben aus dem, was ihnen Sonntag für Sonntag geschenkt wird? Nicht wenige Eltern gehen nach langer Zeit wieder zur Kirche, wenn ihre Kinder auf die erste heilige Kommunion vorbereitet werden. Wenn das nur eine pädagogische Maßnahme und nicht der Wunsch ist, endlich selbst wieder vertraut mit Christus zu werden, dann können sie sich das sparen. Kinder durchschauen sehr schnell, was echt und was unecht ist. Und im Gegensatz zu früheren Zeiten scheuen sie sich von einem gewissen Alter an nicht, das Unechte auch gegen alle Konvention über Bord zu werfen.

In einer der bilderreichen Parabeln des dänischen Schriftstellers Jens Johannes Jörgensen heißt es:

> „An einem sonnigen Herbsttag segelte eine gut genährte Spinne durch die milde Luft und landete schließlich in einer Hecke. Sie ließ sich zappelnd und tastend weit hinab und baute sich ein wundervolles Nest, in das sie sich behaglich setzte. Die Zeiten waren gut, und es flog ihr viel kleines Getier in die feinen Maschen. Eines Morgens – der Tau glänzte wie Perlen im Netz – wollte die Spinne

ihre Wohnung inspizieren. Sie lief auf den engen Straßen ihrer Netzfäden herum wie eine Seiltänzerin und guckte überall hin, um festzustellen, ob alles in Ordnung sei. Da kam sie an einen Faden, der grade in die Höhe lief und bei dem sie nicht erkennen konnte, wo er eigentlich endete. Sie starrte in die Höhe mit all ihren vielen Augen; aber sie entdeckte kein Ende. Sie schüttete den Kopf und fand diesen Faden einfach sinnlos. Verärgert biss sie ihn durch, und dann lag sie im Staub, eine Gefangene im eigenen Netz."

Als ich diese Geschichte einer Firmgruppe vorgelesen hatte, meinte ein Vierzehnjähriger spontan: „Was heißt hier im Staub liegen! Ich lebe ohne Faden nach oben, und es geht mir prächtig." – Mir scheint: Dieser Junge hat ausgesprochen, was viele – bewusst oder unbewusst – praktizieren. Denn wahrscheinlich bilden sie die Mehrheit: diejenigen, die meinen, dass zu den Realitäten des Lebens nur das zählt, was man sehen, greifen, begreifen und machen kann; dass alles, was ich nicht sehen und hören und greifen kann, unwirklich und deshalb ohne Bedeutung ist. Wir alle sind versucht, immer wieder so zu denken. Denn die sichtbare, greifbare und machbare Welt drängt sich auf, nimmt uns buchstäblich in Beschlag, beschäftigt und fasziniert uns: diese Arbeit, das neue Auto, diese Krankheit, das Examen, und vor allem das Geldverdienen, das Geflecht von Angebot und Nachfrage, die Lohn- und Preisspirale und der Urlaub. Diese Welt greift nach uns, und deshalb sind viele der Meinung, dass dieses einfach Vorhandene, Zählbare, Verwertbare, Nachweisbare, Machbare das einzig Wirkliche sei.

Das lateinische Wort „credo" beschreibt nicht nur etwas anderes, sondern das glatte Gegenteil. Mit dem Wörtchen „ich glaube" bekenne ich, dass ich Sehen und Hören und Greifen und Machen nicht als das Alpha und das Omega der Welt betrachte, sondern im Gegenteil: dass das nicht zu Sehende, nicht zu Hörende und von mir nicht Machbare das eigentlich Tragende und mein Leben erst Ermöglichende ist. Demnach bin ich sehr blind, wenn ich nur dem traue, was ich selbst beherrsche, bin ich gefangen im eigenen Netz, wenn ich den „Faden nach oben" zerreiße.

Statt diesen Befund theoretisch zu reflektieren, greife ich abermals zu einem Bild: Stellen wir uns zwei Jungen vor, die auf eine alte Mauer geklettert sind. Die beiden sind nicht miteinander verwandt, aber sie passen gut zusammen. Sie haben beide den naiven Mut derer, die nicht wissen, was passieren kann. Es ist ihnen natürlich streng verboten, auf der verfallenen Mauer zu spielen. Aber das macht es ja gerade reizvoll. Sie jagen sich über die Trümmer, spucken hinunter und beweisen sich gegenseitig, dass sie keine Angst haben. Sie kommen an das Ende der Mauer und schauen hinunter. In diesem Augenblick bricht hinter ihnen ein Teil zusammen, über den sie gerade noch gelaufen sind. Auf einem Kegel in fünf Metern Höhe gefangen beginnen sie um Hilfe zu rufen. Sie werden gehört. Ein kräftiger junger Mann kommt, stellt sich an den Fuß des Kegels, breitet die Arme aus und ruft: „Springt! Ich fange euch auf."

Ein Sprung aus fünf Meter Höhe ist auch für einen Erwachsenen schon eine Art Todessprung. Für einen kleinen Jungen, der seinen Mut verloren hat, grenzt die Forderung ans Unmögliche. Aber nun begibt sich etwas Bemerkenswertes: Die beiden Jungen waren, wie gesagt, einander sehr ähnlich. Sie hatten beide denselben Schneid. Trotzdem verhalten sie sich in der geschilderten Situation völlig unterschiedlich. Der eine tritt an den Rand des Mauerkegels und springt, ohne auch nur einen Moment zu zögern. Der andere versucht es erst gar nicht. Er kauert sich weinend zusammen und wartet auf eine Leiter.

Frage: Warum hat der eine Junge den Mut zum Sprung und der andere nicht? Des Rätsels Lösung: Der eine Junge springt, weil der Mann, der unten mit ausgebreiteten Armen auf ihn wartet, sein Vater ist. Der andere Junge kann nicht springen, weil er den Mann da unten nicht kennt.

Er sieht, dass der Freund unten heil ankommt. Er weiß – mit dem Kopf –, dass der Sprung nicht zu gewagt ist; dass der Mann da unten kann, was er verspricht. Er *weiß*: Das geht. Aber er springt nicht. Denn: *Glauben ist mehr als Wissen.* Nicht weniger, sondern mehr!

Ich habe mit den Firmlingen, denen ich die Geschichte von der Spinne und dem Faden nach oben vorgelesen habe, ein Experiment gemacht. Jedem wurde gesagt: Hinter dir steht einer, der kräftig genug ist, dich aufzufangen, wenn du dich – mit verbundenen Augen – hintenüber fallen lässt. Der einzelne Firmling wusste mit dem Kopf: Der, der hinter mir steht, ist stark genug. Und trotzdem: Kaum einer ließ sich wirklich „hintenüber fallen". Denn: Glauben ist mehr als Wissen – viel mehr!

Zu dem Wort „Glaube" fiel den Firmlingen zunächst nur das ein, was die statistische Mehrheit mit diesem Wort verbindet: Gottesdienst, Messe, Regeln, Gebote, Kirche. Nach dem besagten Experiment aber wollten sie wissen, wo denn der Unterschied liege zwischen dem Glauben an Sätze und Regeln und dem Glauben, „der sich hintenüber fallen lässt".

Die Firmlinge haben die Antwort selbst gesucht und sinngemäß wie folgt formuliert:

Man kann jeden Sonntag zur Kirche gehen, weil man vertraut sein will mit Christus, aber auch deshalb, weil Eltern und Kirche das so wollen.

Man kann das Morgen- und Abendgebet so sprechen, dass deutlich wird: Hier will einer seinen Tag nicht beginnen und nicht beenden ohne Christus. Und man kann das Morgen- und Abendgebet auch zu einer Schablone verkümmern lassen.

Man kann in den Geboten der Heiligen Schrift und der Kirche Wegweiser zu Christus sehen. Man kann aber auch den Eindruck erwecken, als bereue man, so katholisch erzogen worden zu sein.

Wichtigeres können Eltern ihren Kindern kaum schenken als jenes Vertrauen, das der Junge hatte, der sich ohne Zögern den ausgestreckten Armen seines Vaters anvertraut hat. Darin steckt mehr als die Überzeugung, dass da einer ist, der mich nicht fallen lässt. Darin steckt auch die Befähigung, sich loszulassen und zu wagen. Glauben ist ja „sich verlassen" im wahrsten Sinne dieses Wortes: sich selbst loslassen und sich einlassen auf Arme, die nicht die eigenen sind.

Die Psychologen bestätigen unisono: Ein Kind lernt viel mehr als der Erwachsene mit der ganzen Existenz, nicht nur mit dem Kopf. Wenn wir Erwachsenen eine Sprache lernen, dann vergleichen wir die Vokabeln der anderen Sprache mit denen der eigenen. Wir lernen mehr reflexiv, ein Kind mehr intuitiv. Eine Mutter spricht mit ihrem Kind schon lange, bevor dieses im reflexiven Sinn versteht. Das Kind wächst sozusagen in die Worte seiner Mutter hinein. Wenn Eltern sich in Gegenwart ihres Kindes ständig streiten, nimmt das Kind die Disharmonie in sich auf. Denn es ist empfindlich wie ein Geigerzähler. Es atmet seine Umgebung geradezu ein. Das gilt im Positiven wie im Negativen. Wenn eine

Mutter mit ihrem Kind betet, hat sie mehr für dessen Glauben getan, als jeder Priester und Religionslehrer je tun kann.

Die Psychologin Christa Meves meint nachgewiesen zu haben, dass Kinder, die in den ersten Lebensjahren durch ihre Eltern beten gelernt haben, die Gruppe in unserer Gesellschaft bilden, in der Psychiater nichts zu tun haben, Selbstmord praktisch nie vorkommt und eine Scheidung höchst selten ist.

Wie dem auch sei: Das Institut der in allen christlichen Konfessionen praktizierten Kindertaufe basiert ja auf der Tatsache, dass Kinder den Glauben ebenso empfangen wie zum Beispiel ihre Sprache. Niemand kommt auf den törichten Gedanken, ein Kind nicht sprechen zu lehren, damit es im Alter von vierzehn Jahren selbst wählen könne, ob es Deutsch, Englisch oder Französisch als Muttersprache bevorzuge. Wir übernehmen das Sprechen zunächst von unseren Eltern – bis in die feinsten Nuancen des Dialekts. Und dennoch wird das Übernommene das Eigene. Wir können überhaupt nur eine andere Sprache lernen, wenn wir schon eine eigene Sprache haben. Ganz ähnlich ist es mit dem Glauben. Die Tatsache, dass ein Kind den Glauben empfängt, heißt keineswegs, dass das Empfangene nicht das Eigene wird. Wer nie beten (glauben) gelernt hat, kann sich weder für noch gegen seinen Glauben entscheiden. Er weiß ja gar nicht, was der jedes Wissen sprengende Glaube ist.

Nicht von ungefähr verabschiedet sich die Weihnachtszeit mit der Proklamation: „Das ist der Sieg, der die Welt besiegt hat: unser Glaube. Wer sonst besiegt die Welt außer dem, der glaubt, dass Jesus der Sohn Gottes ist!" (1 Joh 5,4f). Er, der Mensch gewordene Gott, will unseres Glaubens, unseres Hoffens und unseres Liebens bedürfen. Er bindet sich an unseren Glauben. Durch ihn will er der Sieg sein, der alle Dunkelheit überwindet. In einem jeden von uns soll sie erscheinen: seine Herrlichkeit.

Fürbitten

Herr Jesus Christus, Du bist die ausgestreckte Hand des Vaters. Wer sie ergreift, kann durch und mit Dir die Welt der Dunkelheit, des Irrtums und der Angst besiegen.

- In unserem Land haben immer weniger Eltern den Mut, einem Kind das Leben zu schenken. In unserem Land wächst die Zahl der jungen Menschen, die nicht mithalten können, sich überfordert fühlen und ohne Hoffnung sind. Und immer größer ist die Zahl derer, die nie erfahren durften, was ein lebendiger Glaube ist. Wir bitten Dich, Herr: Öffne unsere Augen und Herzen für die Zeichen unserer Zeit! – Christus, höre uns!

- Die erdrückende Mehrheit der getauften und gefirmten Christinnen und Christen unseres Landes schlägt die Einladung zur sonntäglichen Eucharistiefeier aus. Wir bitten Dich, Herr: Öffne unsere Augen und Herzen für die Zeichen unserer Zeit! – Christus, höre uns!

- Die Mehrheit der Menschen, die in der ehemaligen DDR aufgewachsen sind und heute in den so genannten neuen Bundesländern leben, ist nicht getauft. Wir bitten Dich, Herr: Öffne unsere Augen und Herzen für die Zeichen unserer Zeit! – Christus, höre uns!

- In unserem Land gibt es wieder Hass auf Menschen anderer Hautfarbe und Herkunft, wieder Ideologien der Menschenverachtung, der Ausgrenzung und des Antisemitismus. Wir bitten Dich, Herr: Öffne unsere Augen und Herzen für die Zeichen unserer Zeit! – Christus, höre uns!

- Weltweit boomt die Forschung des Menschen am Menschen. Immer größer wird die Versuchung zur Manipulation, Selektion und Instrumentalisierung einzelner Menschen. Wir bitten Dich, Herr: Öffne unsere Augen und Herzen für die Zeichen unserer Zeit! – Christus, höre uns!

Herr Jesus Christus, Du hast uns in der Taufe und in der Firmung berufen, das Licht, das wir empfangen durften, in diese Welt zu tragen. Bewahre uns vor der Angst der Mutlosen, vor der Sattheit der Trägen und vor dem Spießertum der Angepassten! Gib uns ein brennendes Herz, wenn Du uns im Sakrament der Eucharistie begegnest. Und sende uns den Geist, in dessen Einheit Du selbst mit dem Vater lebst und herrschest als Gott von Ewigkeit zu Ewigkeit. Amen.

„Ist denn Christus zerteilt?" (1 Kor 1,13)

Predigt innerhalb der Weltgebetsoktav für die Einheit der Christen

Stellen Sie sich vor: In einer der Fußgängerzonen unserer Großstädte käme ein Reporter mit einem Mikrophon auf Sie zu und würde Sie fragen, ob Sie ganz spontan – ohne langes Nachdenken – sagen könnten, was das Christentum von den anderen Religionen unterscheide. Was würden Sie antworten? Woran dächten Sie zuerst? Wer ganz einfach antworten würde: „Das Christentum unterscheidet sich von anderen Religionen durch Jesus Christus", hätte – so meine ich – den Nagel auf den Kopf getroffen.

Neben den asiatischen Religionen, die auf Grund ihres Pantheismus gesondert betrachtet werden müssen, gibt es nur drei Weltreligionen: das Judentum, den Islam und das Christentum. Gemeinsam haben diese drei monotheistischen Religionen den Glauben an den einen, einzigen, personal verstandenen Gott. Sie unterscheiden sich erst, wenn es um die Erklärung des Verhältnisses dieses einen und einzigen Gottes zur Welt und besonders zu uns Menschen geht. Das Judentum spricht von der Tora, die Gott seiner Schöpfung eingestiftet hat und deren authentische Interpretation die hebräische Bibel bzw. der gelebte Glaube des Volkes Israel sind. Das Judentum bezeichnet sich wie der Islam als Buchreligion. Und doch besteht zwischen diesen beiden Buchreligionen ein gravierender

Unterschied. Während die Muslime den Koran mit dem Wort Gottes *identifizieren,* sprechen die Juden lediglich von der *Offenbarung* des göttlichen Willens *in* den Heiligen Schriften der Bibel. Für einen Juden ist klar, dass die Bibel von Menschen geschrieben bzw. redigiert wurde. Für die Muslime hingegen ist der Koran kein von Menschen verfasstes Buch.

Und wir Christen?

Wir teilen den Glauben der Juden an den Offenbarungscharakter der Bibel. Aber für uns ist die Offenbarung nicht ein Buch, sondern eine Person. Die hebräische Bibel stellt die Begriffe und Kategorien zur Verfügung, mit denen die Verfasser des Neuen Testamentes die Person bzw. das Leben, den Tod und die Auferstehung Jesu Christi bezeugt haben. Aber ein authentisches oder inspiriertes Zeugnis ist nicht identisch mit der bezeugten Wahrheit. Kein Buch über Jesus Christus und auch kein Zeuge des Christusereignisses darf von sich sagen, was Jesus Christus von sich sagt: „Ich *bin* der Weg; ich *bin* die Wahrheit; ich *bin* das Leben!" (Joh 14,6). Und: „Wer mich sieht, sieht den Vater" (Joh 12,45).

Als Christ glaube ich an die Wahrheit, die nicht Gesetz oder Buch, sondern Person ist. Gewiss, auch die Bibel ist ein Buch. Aber die Bibel ist nicht die Wahrheit, sondern von Menschen geschriebenes Zeugnis über die Wahrheit. Die Bibel ist Wort über das Wort, das in Jesus Christus Fleisch geworden ist. Nur von einer Person, von Jesus Christus, sagen wir Christen: Er *ist* Gottes Wort.

Würde ich versuchen, die Person Jesu Christi in ein Buch, in Sätze, Definitionen, Regeln oder Dogmen zu fassen, dann hätte ich ihn zu einem toten Gegenstand der Vergangenheit degradiert. Man kann überhaupt keine Person – und schon gar nicht die Person Jesu Christi – theoretisch erfassen. Eine Person beginnt man erst da zu verstehen, wo man mit ihr kommuniziert. Das gilt ganz allgemein. Eine Frau wird ihren Mann und ein Mann seine Frau in dem Maße verstehen, als beide miteinander kommunizieren. Entsprechendes gilt auch für unser Verhältnis zu Jesus Christus. Wer nur *über* ihn statt *mit* ihm spricht, kann ihn nicht verstehen. Er mag als Archäologe, Historiker, Religionswissenschaftler oder Exeget mehr über ihn wissen als jeder Heilige. Aber für das Verstehen der Einzigkeit seiner Person ist solches Wissen bestenfalls so etwas wie der Tragpfeiler einer Brücke.

Eine Wahrheit, die Person ist, wird verfehlt, wenn sie nicht personal angenommen und bezeugt wird. Das Neue Testament ist die Sammlung der für authentisch befundenen Zeugnisse einzelner Zeugen des Lebens, des Sterbens und der Auferstehung Christi. Und auch die Tradition des in der Bibel gelegten Fundamentes geschieht personal, nämlich durch die Nachfolger der Apostel. Deshalb ist die Kirche überall da in der Wahrheit bzw. in Jesus Christus, wo sie in Gemeinschaft steht mit den Nachfolgern der Apostel.

Jede Theologie ist in dem Maße wahr, als sie Maß nimmt an dem gelebten Glauben der Gläubigen. Theologie ist stets etwas Nachträgliches. Denn sie reflektiert das, was die mit Christus kommunizierenden Menschen wechselseitig bezeugen.

Übrigens: Wo Wahrheit nicht personal bezeugt, sondern in Theorien gefasst wird, ist sie stets in Versuchung, den Andersdenkenden zu vereinnahmen, statt zu überzeugen. Weil Christus kein Programm, keine Weltanschauung, kein Prinzip, kein Gesetz oder Buch, sondern Person ist, verrät das Christentum sein Fundament, wenn es gewaltsam missioniert, statt durch sein Zeugnis zu überzeugen. Die Wahrheit, die Person ist, kann man nun einmal nur personal – aus innerer Überzeugung – bejahen. Alles andere wäre zu wenig.

Die personale Kommunikation mit Christus ist nichts Unsichtbares oder rein Privates. Was wir Weihnachten gefeiert haben, ist ja die Leib- bzw. Fleischwerdung Gottes. Und „Leib" bedeutet in der hebräischen Bibel so viel wie „mitteilen", „sichtbar machen", „in Beziehung treten". Christus ist nicht die Verkleidung, sondern die Mitteilung, die Offenbarung, ja, die „Inkarnation" Gottes. Deshalb kann niemand mit Christus kommunizieren, ohne den Weg in die Inkarnation mitzuvollziehen. Kurzum: Wer mit Christus kommuniziert, muss das Wenige, das er von ihm verstanden hat, verleiblichen bzw. mitteilen, und zwar mit Worten, die sich in Taten bewähren. Denn eine Wahrheit, die Person ist, kann nur personal vermittelt werden. Das ist der Grund, warum das Neue Testament kein Register von Lehrsätzen über Jesus, sondern eine Sammlung von authentischen Glaubenszeugnissen ist.

Nicht von ungefähr bringt ein einziger Heiliger Jesus Christus mehr zum Leuchten als alle Lehrsätze und Theorien zusammen – dies allerdings nur unter der Voraussetzung, dass er sein Verhältnis zu Jesus Christus mitteilt. Von Anfang an kennt die Kirche die Versuchung des einzelnen Gläubigen, das je eigene Verhältnis zu Christus mit der Wahrheit zu verwechseln. Denken wir an die soeben gehörte Lesung aus dem ersten Korintherbrief (1 Kor 1,10–17): Da hält der eine zu Paulus, der andere zu Kephas, der dritte zu Apollos. Wo aber der Einzelne das in der Regel sehr Wenige, was er von Christus verstanden hat, mit Christus selbst identifiziert, da hat er aufgehört zu kommunizieren.

Die Einheit der Christenheit steht und fällt mit der Kommunikation des einzelnen Christen, der einzelnen Christin. Sie ist nicht da in Gefahr, wo Christinnen und Christen kontrovers miteinander diskutieren oder gar streiten. Im Gegenteil, solange der Einzelne im Gespräch mit dem Andersdenkenden ist, dient er der Einheit. Deswegen ist nicht die bedauerliche Spaltung der Christenheit in vergangenen Jahrhunderten das eigentliche Problem der Gegenwart. Viel gravierender als das negative Erbe der Vergangenheit ist die bedauerliche Tatsache, dass immer mehr getaufte Christinnen und Christen quer durch alle Konfessionen nach dem Motto leben: „Mein Glaube ist Privatsache." Die „Ohne-mich-Mentalität" derer, die dem gemeinsamen Gottesdienst am Gedächtnistag der Auferstehung fern bleiben und auch sonst jede aktive Beteiligung an der Kommunikation der Christen untereinander meiden, ist das eigentliche Hindernis auf dem Weg zur Einheit. Würde jeder getaufte Christ regelmäßig nicht nur mit Christus, sondern auch mit seinen so genannten Brüdern und Schwestern kommunizieren, dann wäre die Einheit längst wiederhergestellt und vollendet. Denn wenn jeder das Wenige, das er von Christus verstanden hat, regelmäßig einbringen würde in die große Kommunikationsgemeinschaft der Kirche, dann hätte man sich wahrscheinlich in weit tieferer und umfassenderer Weise als gegenwärtig gegenseitig überzeugt und also geeinigt.

Die Dogmen der Kirche sind letztlich nichts anderes als die Ergebnisse einer lebendigen Kommunikation der Gläubigen mit Christus und untereinander. Sie befördern die Einheit, wenn sie so etwas sind wie die Leuchttürme der Beziehung jedes einzelnen Gläubigen zu Christus und seiner Kommunikation mit den Mitchristen. Und sie behindern die Einheit, wenn sie – obwohl nur Wegweiser – mit dem Weg oder dessen Ziel verwechselt werden.

Die Weltgebetsoktav für die Einheit der Christen erinnert uns zu Beginn jedes Jahres an die einfache Tatsache, dass *Christus allein* die Wahrheit *ist*. Wer mit Ihm nicht kommuniziert, ist nicht in der Wahrheit und kann deshalb auch nichts beitragen zur Einheit der Gläubigen in der Wahrheit. Und umgekehrt: Ein Christ, der sein Denken, Reden, Planen und Tun täglich mehr von Christus bestimmen lässt, wird von selbst zu einem Baustein der wachsenden Einheit.

Fürbitten

Also wenden wir uns an Christus mit dem Gebet: Herr, Du hast jeden von uns in der Taufe gerufen, lebendiges Glied der Kirche, Bote des Glaubens, Zeichen der Liebe und Werkzeug der Einheit zu werden. Wir bitten Dich:

- Für die ökumenische Bewegung: Eine die getrennten Kirchen der Christenheit in der Wahrheit; zerbrich die Mauern unserer Schuld; stärke, was uns eint; und schenke dem Bekenntnis unseres Glaubens die Fülle Deiner Liebe. – Christus, höre uns!

- Für die vielen getauften Christinnen und Christen, die gleichgültig geworden sind: Schenke ihnen die Begegnung mit Gläubigen, die mitteilen, was sie empfangen haben; und bahne ihnen Wege aus den Sackgassen der Anpassung, der geistlichen Trägheit und Verflachung. – Christus, höre uns!

- Für die Christinnen und Christen, die mit ihrer Berufung ins Fleisch gehen, die ihr Eigenes für das Ganze öffnen und sich der Andersheit des Andersdenkenden aussetzen: Stärke ihre Geduld und Ausdauer, und lass sie erfahren, dass der Glaube Berge versetzen kann. – Christus, höre uns!

- Für eine missionarisch erneuerte Christenheit: Entfache die in vielen Ländern Europas verschüttete Glut eines begeisternden Glaubens; und bewahre unsere Gemeinden vor dem Abgleiten in satte Selbstzufriedenheit und starre Gewohnheit. – Christus, höre uns!

- Für die Amtsträger der Kirche, für die Nachfolger der Apostel und für alle, die Du in Deine besondere Nachfolge gerufen hast: Bewahre sie vor den Versuchungen der Macht, und lass in ihrer geliehenen Autorität etwas sichtbar werden von Deiner verwundeten und gekreuzigten Liebe! – Christus, höre uns!

Herr Jesus Christus, Du wolltest, dass wir Christen eins werden nach dem Vorbild der Einheit zwischen Dir und dem Vater. Wir bitten Dich: Schau auf die Scherben Deiner zerbrochenen Kirche und sende uns den Geist, in dessen Einheit Du mit dem Vater lebst und herrschest als Gott von Ewigkeit zu Ewigkeit. Amen.

„Sie brachten das Kind nach Jerusalem hinauf, um es dem Herrn zu weihen" (Lk 2,22b)

Predigt am Fest der Darstellung des Herrn

Eines der schönsten und eindrucksvollsten Zeichen unserer Liturgie ist jenes Zeichen, das bei der Taufe der Priester, dann die Eltern und schließlich die Paten dem Täufling auf die Stirn zeichnen.

Sie zeichnen dem Täufling ein Kreuz auf die Stirn. Und also segnen sie das Kind. Viele Eltern wiederholen den Segen des Tauftages jeden Morgen, wenn das Kind aus dem Hause geht, und jeden Abend, wenn es zu Bett geht. Segnen bedeutet ja: jemanden oder etwas Gott anvertrauen. Eigentlich kann man alles segnen, was dem Willen Gottes nicht widerspricht. Bei Waffen ist das sehr problematisch. Aber man kann durchaus ein Haus, ein Fahrzeug oder eine Mahlzeit segnen – in früheren Zeiten etwas Selbstverständliches! Als ich die neuen Räume eines Pfarrheims gesegnet habe, hieß das begleitende Gebet: „Herr, wir empfehlen Dir alle Menschen, die sich hier aufhalten werden; wir empfehlen Dir alles, was sie sagen und tun; wir möchten, dass Du selbst bei allem, was in diesen Räumen geschieht, teilnehmen kannst."

Die Liturgie unterscheidet allerdings zwischen „segnen" und „weihen". *Segnen* heißt, wie gesagt, jemanden oder etwas Gott anvertrauen. *Weihen* heißt: Jemanden oder etwas ausschließlich für Gott reservieren. Ein

Kelch, der für die Feier der Eucharistie bestimmt ist, wird nicht nur gesegnet, sondern geweiht. Und ebenso ist es mit einer Person, die in den Dienst Gottes tritt, ob als Ordensfrau, als Diakon oder Priester; hier spricht die Liturgie nicht nur von einer Segnung, sondern von einer Weihe.

Von Josef und Maria heißt es in Lk 2,22, dass sie den neugeborenen Sohn Jesus hinauftragen nach Jerusalem, um ihn dem Herrn zu *weihen*. Von dem greisen Simeon aber wird in Lk 2,24 gesagt, dass er das in den Tempel getragene Kind *segnet*. Und dieser Segen ist verbunden mit einem Bekenntnis, dessen Wortlaut die Kirche jeden Tag in ihrem Stundengebet erinnert: „Nun lässt du, Herr, deinen Knecht, wie du gesagt hast, in Frieden scheiden. Denn meine Augen haben das Heil geschaut, das du vor allen Völkern bereitet hast, ein Licht, das die Heiden erleuchtet, und Herrlichkeit für dein Voll Israel" (Lk 2,29f).

Jede Weihe und *jeder* Segen sind stets auch ein *Bekenntnis* des weihenden oder segnenden Menschen.

Wenn wir ein Kind segnen, dann bekennen wir damit: Das Wesentliche dieses Kindes ist, dass es ein ewiges Leben in sich trägt, dass es im wahrsten Sinne dieses Wortes Sohn oder Tochter Gottes ist.

Und wenn ich am Fest der Darstellung des Herrn die Kerzen weihe, die das ganze Jahr über auf unseren Altären brennen, dann werden diese Kerzen reserviert für Christus. Sie sollen nichts anderes mehr sein als Symbole des Geschehens, das auf dem Altar gegenwärtig wird. So wie Christus sich selbst an uns verschenkt im Geheimnis der Eucharistie, so brennt die ihm geweihte Kerze, indem sie sich verzehrt. Und wenn wir diese geweihten Kerzen in einer Prozession zur Eucharistiefeier tragen, dann wird die Kerzenweihe zu einem öffentlichen Bekenntnis. Wir bekennen, dass wir selber in unserem Leben und Sterben das darstellen wollen, was die geweihten Kerzen in unseren Händen symbolisieren: nämlich das Geheimnis des eucharistischen Christus. Mit den geweihten Kerzen in den Händen bekennen die Teilnehmerinnen und Teilnehmer der Prozession: Wir wollen Zeugen des Gottes sein, der sich selbst verschenkt; wir wollen den Namen Jesu Christi auf uns legen lassen; wir wollen durch, mit und in Christus Licht sein, das die Dunkelheit vertreibt.

Dieses Bekenntnis kann viel verlangen. Es heißt im Alten Testament: „Und Gott segnete Noach und sein Werk" (Gen 9,1). Wie mag Noach sich gefühlt haben, als er seiner lachenden Umwelt erklärte, er baue eine Arche, weil das der Wille Gottes sei? Und es heißt: „Gott segnete Abraham" (Gen 12,2). Und der bekannte sich zu ihm. Aber wie mag ihm zumute gewesen sein, als er seinen Reichtum verließ und aufbrach, ohne zu wissen, wohin?

Neulich sagte mir eine Mutter, sie habe ihren Neunzehnjährigen zum ersten Mal wieder gesegnet seit seinem zehnten Lebensjahr, als er jetzt zur Bundeswehr nach Flensburg musste. Wie mag er sich zu diesem Segen bekennen auf einer Bude mit lauter Kameraden ohne jede kirchliche Bindung? Wird die Umgebung des Milieus ihn und seinen Glauben so anfressen, dass er über kurz oder lang sich anpasst an die Wertvorstellungen und Normen und Lebensformen der Anderen? Oder gibt es eine Möglichkeit, das, was ihm heilig und wichtig ist, zu bewahren?
     Wie bekenne ich mich zu dem Kreuz, das mir bei der Taufe auf die Stirn gezeichnet wurde, oder, um bei dem Bild des heutigen Festes der Darstellung des Herrn zu bleiben: Wie stelle ich in meinem alltäglichen Leben die brennende Kerze in meiner Hand dar?

Drei Punkte möchte ich nennen, die mir in diesem Zusammenhang besonders wichtig scheinen.

Der erste Punkt: Wer heute Christus nicht nur in seinem stillen Kämmerlein, sondern auch draußen vor den Andersdenkenden darstellen will, darf nicht zu allem Ja und Amen sagen, sondern wird lernen müssen, manchmal auch Nein zu sagen. Sich unter den Segen des in Christus Fleisch gewordenen Gottes stellen heißt, die Dinge und Menschen, mit denen ich zu tun habe, auf Ihn beziehen, nicht auf die Meinung oder die Wertmaßstäbe der statistischen Mehrheit. In manchem werde ich mich unterscheiden, wenn ich nicht mein Gesicht und meine innere Glaubwürdigkeit verlieren will. Zum Beispiel im Lebensstil: Da wird konkret, ob ich das Evangelium ernst nehme – das Evangelium, in dem nicht die Reichen und nicht die Konsumenten selig gepriesen werden.
     Oder in der Arbeitsmoral: Als Christ werde ich einen Kranken-

schein nur nehmen, wenn ich wirklich krank bin, und nicht die Kasse, also die Allgemeinheit, unnötig belasten. Ich werde in der Arbeit nicht nur den Geldverdienst sehen, sondern meine Arbeit dem in Christus sehr konkret gewordenen Antlitz Gottes aussetzen.

Oder im Zusammenleben der Geschlechter: Als Christ kann ich nicht alles billigen, was heutzutage als normal oder gängig relativiert wird. Wer die Bergpredigt ernst nimmt, für den ist Ehe nicht bloß ein gegenseitiger Nutzungsvertrag, „bis das Standesamt uns scheidet"; der wird ernst nehmen müssen, was Jesus über die Ehe als Abbild seiner eigenen Treue gesagt hat. Nicht am Strafgesetzbuch orientiert sich der Christ, sondern an Christus.

Verstehen Sie die Beispiele, die ich genannt habe, als Beispiele! Es gibt gewiss noch andere Bereiche, wo der Christ sich unterscheiden muss vom allgemeinen Trend. Wenn wir uns unter den Segen stellen, mit dem wir in Taufe und Firmung gesegnet worden sind, dann bekennen wir uns zu Jesus Christus auch da, wo dies unbequem wird. Wenn wir das Kreuzzeichen über uns selber schlagen oder Jesus Christus leibhaft in der Eucharistie empfangen, dann sollten wir wissen, was wir tun. Denn wir empfangen dabei nicht nur einen Segen; nein, wir werden auch beauftragt, das zu *sein* bzw. *darzustellen,* was wir empfangen.

Der zweite Punkt, der für das Bekenntnis und die Darstellung des empfangenen Segens wichtig ist, heißt: *regelmäßiger Kontakt mit Christus.*

Denn wie will ich Christus bekennen oder darstellen, wenn ich ihn nicht kenne? – Frage: Wer von Ihnen hat eigentlich schon einmal in einem Zuge die viel zitierte Bergpredigt, diese drei Kapitel im Matthäusevangelium, gelesen? Ein Freund, den ich nicht kenne, dessen wichtigste Anliegen ich nicht nennen kann, ist bei Licht betrachtet ein Unbekannter. Und ein Freund, zu dem ich nur komme, wenn es mir dreckig geht und ich Hilfe brauche, ist wohl eher eine Notbremse. Vertrautheit bzw. Freundschaft setzt regelmäßige Kommunikation voraus. Wenn in meinem Zimmer ein Kreuz hängt; wenn ich am Morgen den Tag beginne, indem ich mich unter den Segen des Kreuzzeichens stelle; wenn ich irgendwann im Laufe des Tages zu einer günstigen Zeit einige Minuten reserviere, um die Dinge und Menschen, die mich beschäftigen, auf Christus zu beziehen; und wenn ich am Abend vor dem Zubettgehen den Tag noch einmal mit ihm bespreche, dann – da bin ich sicher – wird man merken, dass ich mich zu Ihm bekenne.

Und noch *ein dritter Punkt:* Er hat unmittelbar zu tun mit dem Symbol der Kerze, das im Mittelpunkt des heutigen Festes steht. Wie die Kerze Licht schenkt, indem sie sich selbst verzehrt, so ist Christus unser Leben, indem er sich selbst verschenkt. Auch das kann und soll jeder von uns in seinem Leben zur Darstellung bringen.

Nicht um das Christentum mit dem Extremfall zu identifizieren, sondern um exemplarisch zu verdeutlichen, was das heißen kann, zitiere ich aus dem im Jahre 1944 angefertigten Dokumentarbericht des deutschen Soldaten Friedrich Hoffmann:

„Wir hatten" – so berichtet der Soldat – „einen dabei, der war dagegen. Er trug ein Kreuz am Hals, von seiner Mutter, wie er sagte. Wir lachten deshalb über ihn. Er war sehr schüchtern. Er sagte nichts, aber er war dagegen. Man merkt so etwas einfach. Pech für ihn; denn unser Spieß verstand keinen Spaß. Ich seh' das noch heute vor mir, als wenn es gestern gewesen wäre: das Dorf Ostrowice, die weißen Lehmmauern, die Strohdächer. Der Spieß machte mit zwei Mann die Runde. Und da geschah es. Da krabbelt ihm aus dem Ofenstroh ein verstecktes Kind entgegen, so ein oder zwei Jahre alt. Da stürzt der mit dem Kreuz am Hals sich auf ihn, reißt das Kind an sich und schreit: ‚Nein, nein! Nicht schießen! Nicht schießen! Das ist doch das Jesuskind!' Sie haben ihn und das Kind erschossen. Und ich schäme mich bis heute, dass ich selbst noch lebe."

Das, was in dem Dorf Ostrowice ein unbekannter Soldat bis zur letzten Konsequenz vorgelebt hat, ist genau das, was ich den *dritten Punkt* unseres Auftrags zur Darstellung des Herrn nennen möchte, nämlich: *Ihn, Jesus Christus, in jedem Menschen entdecken.*

Denken wir – um ein weniger dramatisches Beispiel zu nennen – an eine aufsteigende Familie mit einer Reihe von gesunden und begabten Kindern, einer sympathischen, eleganten Mutter, einem tüchtigen und ehrgeizigen Vater. In dieser Familie wird ein geistig behindertes

Kind geboren. Jeder von uns kann sich den Schock ausmalen, den das für die Eltern und die Familie zunächst bedeutet. Aber jeder von uns – so vermute ich – kann sich auch vorstellen, warum dieser Schock in eine beispielhafte Christusnachfolge münden kann. Wie wesenlos, wie belanglos wird der Karriere-Ehrgeiz, der intellektuelle und kulturelle Anspruch, die gegenseitige Verherrlichung vor dieser neuen Familiensituation, die unendlich viel Selbstlosigkeit und Selbstverleugnung und Güte fordert!

Nicht dass man dergleichen herbeiwünschen sollte! Aber wer sich zu Christus bekennen, wer Christus darstellen will, der muss sich die Frage gefallen lassen: Gibt es irgendwo jemand, dem du – natürlich im übertragenen Sinne – zuverlässig und immer wieder „die Füße wäschst"?

Die Kerze leuchtet, indem sie sich selbst verzehrt. Mit brennenden Kerzen ziehen wir heute, am Fest der Darstellung des Herrn, zur Eucharistiefeier. Und wer in diesen Tagen den nach dem hl. Märtyrer Blasius benannten Segen empfängt, wird mit brennenden Kerzen gesegnet. Das bedeutet: Er vertraut sich und seine Gesundheit, seinen Leib und seine Seele, dem an, der in einem viel tieferen als einem bloß physischen Sinn das Heil, der „Heiland", ist.

Fürbitten

Herr Jesus Christus, Du hast gesagt: „Ich bin das Licht der Welt." Und Du hast auch gesagt: „Ihr seid das Licht der Welt." Im Vertrauen auf das Licht, das Du in jedem von uns sein willst, bitten wir Dich:

- um Augen, die hellsichtig sind für die Zeichen der Not, für Winke zum Helfen, für Chancen des Herzens. – Christus, höre uns!

- um offene Ohren, die uns auch die halblauten Bitten der Anderen hören lassen. – Christus, höre uns!

- um Fingerspitzengefühl im Umgang mit schwierigen Menschen, um ein gutes Gedächtnis für ihre Sorgen und für unsere eigenen Versprechungen. – Christus, höre uns!

- um die nötige Phantasie, im rechten Augenblick ein Päckchen Güte, mit oder ohne Worte, an der richtigen Stelle abzugeben. – Christus, höre uns!

Herr, Du bist das Licht, das alle Dunkelheit vertreiben kann. Du rufst einen jeden von uns, Dein Licht darzustellen. Wie die Kerze Licht schenkt, indem sie sich verzehrt, so bist Du unser Licht, indem Du Dich an uns verschenkst. Mach uns zu Zeuginnen und Zeugen Deines Lichtes! Sende uns dazu den Heiligen Geist, in dessen Einheit Du mit dem Vater lebst und herrschest als Gott von Ewigkeit zu Ewigkeit. Amen.

Anmerkungen

1 G. Bernanos, Tagebuch eines Landpfarrers. Aus dem Franz. übers. v. J. Hegner, Zürich 1975, 303.

2 Zit. nach: E. Wasmuth, Der unbekannte Pascal. Versuch einer Deutung seines Lebens und seiner Lehre, Regensburg 1962, 104 f.

3 „Wie soll ich's schildern, mit diesen abgedankten Worten, die mir den Dienst versagen und mir die Gedanken abzuschneiden drohen, um sie in das Magazin der Einbildungen zu verweisen? Der Maler, dem es gegeben wäre, unbekannte Farben zu erschauen, womit sollte er sie malen? Es ist ein unzerstörbarer Kristall, von einer unendlichen Durchsichtigkeit, einer beinahe unerträglichen Helle (ein Grad mehr würde mich vernichten), einem eher blauen Licht, eine Welt eine andere Welt, von einem Glanz und einer Dichte, dass unsere Welt vor ihr zu den verwehenden Schatten der nicht ausgeträumten Träume zurücksinkt. Es ist die Wirklichkeit, es ist die Wahrheit, ich sehe sie vom dunklen Strand aus, wo ich noch festgehalten bin. Es ist eine Ordnung im Universum, und an ihrer Spitze, jenseits dieses funkelnden Nebelschleiers, ist die Evidenz Gottes, die Evidenz, die Gegenwart ist, die Evidenz, die Person ist, die Person dessen, den ich vor einer Sekunde noch geleugnet habe, den die Christen *unseren Vater* nennen und dessen milde Güte ich an mir erfahre, eine Milde, die keiner anderen gleicht, die nicht die manchmal mit diesem Namen bezeichnete passive Eigenschaft ist, sondern eine aktive, durchdringende, eine Milde, die alle Gewalt übertrifft, die fähig ist, den härtesten Stein zu zerbrechen und was härter ist als der Stein – das menschliche Herz." (A. Frossard., Gott existiert. Ich bin ihm begegnet, Freiburg 1974, 136 f).

4 Vgl. R. Moody, Leben nach dem Tod. Die Erforschung einer ungeklärten Erfahrung, Hamburg 1970; ders., Nachgedanken über das Leben nach dem Tod, Hamburg 1978.

5 „… habe ich entdeckt, dass das ganze Unglück der Menschen aus einer einzigen Ursache kommt: nicht ruhig in einem Zimmer bleiben zu können." (B. Pascal, Gedanken. Aus dem Franz. übers. v. W. Rüttenauer, eingel. v. R. Guardini, Stuttgart 1953, Nr. 178, 73.

6 Ebd. Nr. 186, 83.

7 Vgl. H. U. v. Balthasar, Mysterium Paschale, in: Mysterium Salutis. Grundriss heilsgeschichtlicher Dogmatik, hg. v. J. Feiner u. M. Löhrer, Bd. III/2, Einsiedeln 1969, 133–319; bes. 171.

8 In der *Lauretanischen Litanei* heißt eine Anrufung: „Du Ursache unserer Freude".

9 Karl Rahner (Sämtliche Werke, Bd. IX: Maria, Mutter des Herrn. Mariologische Studien, Freiburg 2004, bes. 142 ff) spricht in seinen mariologischen Aufsätzen und Vorlesungen von der Gespaltenheit zwischen *Person* und *Natur*, die seit Adam die Menschheit prägt und die durch jede Sünde vertieft wird.

10 Vgl. G. Lohfink, Braucht Gott die Kirche? Zur Theologie des Volkes Gottes, Freiburg ³1998, 96.

11 Zitiert aus: Frankfurter Allgemeine Zeitung vom 17.1.1996, 6.

12 Mit diesem Begriff beschreibt Hans Urs von Balthasar den Zusammenhang zwischen dem Herabsteigen Gottes im Ereignis der Inkarnation und dem Herabsteigen des Erlösers in die Hölle des Sünders. Vgl. H. U. v. Balthasar, Theodramatik, Bd. III: Die Handlung, Einsiedeln 1980, bes. 309–315.

13 F. Fukuyama, Das Ende der Geschichte. Wo stehen wir?, München 1992, 38.

14 J. Bours, Der Mensch wird des Weges geführt, den er wählt. Geistliches Lesebuch, Freiburg ²1990, 54.

15 Platon, Peri tes Politeias VIII, 14.

16 Wilhelm Willms, der geerdete himmel. wiederbelebungsversuche, © 1974 Verlag Butzon & Bercker, Kevelaer, 7. Auflage 1986, 5.5 (gekürzt).

17 J. Bours, Nehmt Gottes Melodie in euch auf. Worte für das tägliche Leben, Freiburg 1985, 170.

18 H. U. v. Balthasar, Theodramatik, Bd. III: Die Handlung, Einsiedeln 1980, 312. – Dazu: R. Krenski, Passio Caritatis. Trinitarische Passiologie im Werk Hans Urs von Balthasars, Einsiedeln-Freiburg 1990, 256 f.